LE DROIT USUEL ET L'ÉCONOMIE POLITIQUE A L'ÉCOLE

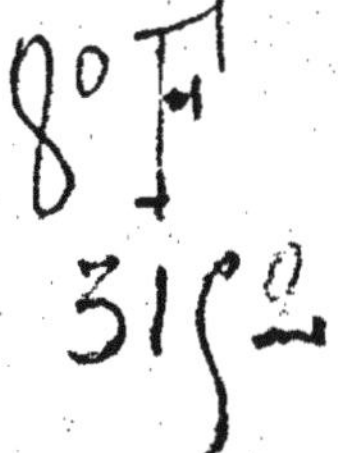

TABLE DES GRAVURES

DROIT USUEL

ÉCONOMIE POLITIQUE

SAINT-DENIS. — Imprimerie PICARD-BERNHEIM et Cie. — C. C.

LE DROIT USUEL ET L'ÉCONOMIE POLITIQUE A L'ÉCOLE

NAISSANCE — MARIAGE — DÉCÈS — VENTE — TRANSCRIPTIONS — LOUAGES
ÉCHANGES — SUCCESSIONS — PROTECTION DES MINEURS

L'HOMME — LA SOCIÉTÉ — MATIÈRES PREMIÈRES
LE CAPITAL — LE TRAVAIL ET L'ASSOCIATION — LA PRODUCTION ET L'ÉCHANGE
L'ÉPARGNE — LES SOCIÉTÉS DE PRÉVOYANCE, DE SECOURS MUTUELS, DE RETRAITE

Leçons — Récits — Scènes de la vie active
Exercices oraux et écrits — Devoirs de rédaction — Gravures

OUVRAGE RÉDIGÉ
CONFORMÉMENT AUX NOUVEAUX PROGRAMMES OFFICIELS
à l'usage des écoles primaires (cours supérieur) et des écoles normales

PAR MM.
Henri REVERDY
Ancien notaire, ancien Juge de Paix ;.

ET

Auguste BURDEAU
Ancien élève de l'École normale supérieure, Professeur agrégé de philosophie au Lycée Louis-le-Grand, Chevalier de la Légion d'honneur.

Nul n'est censé ignorer la loi.

Cet ouvrage fait partie du Nouveau Cours complet d'enseignement primaire fourni gratuitement par la **Ville de Paris** à ses écoles, adopté par les villes de **Lyon, Bordeaux, Marseille**, etc., porté sur la plupart des listes départementales et honoré d'une **médaille d'or** à l'Exposition de Bordeaux (1882).

TROISIÈME ÉDITION

PARIS
LIBRAIRIE PICARD-BERNHEIM ET Cie
11, RUE SOUFFLOT, 11

1884

Extrait du Programme officiel du 27 juillet 1882
(COURS SUPÉRIEUR)

DROIT USUEL, ÉCONOMIE POLITIQUE

Notions très élémentaires de droit pratique :

L'état civil, la protection des mineurs; — la propriété, les successions; — les contrats les plus usuels : vente, louage, etc.

Entretiens préparatoires à l'intelligence des notions les plus élémentaires d'économie politique : l'homme et ses besoins; la société et ses avantages; les matières premières, le capital, le travail et l'association. La production et l'échange, l'épargne; les sociétés de prévoyance, de secours mutuels, de retraite.

DIVISION DE L'OUVRAGE

DROIT USUEL
(H. REVERDY)

ÉCONOMIE POLITIQUE
(A. BURDEAU)

N.-B. — Les chiffres **gras** placés entre parenthèses (**34**) au commencement de certains alinéas dans le DROIT USUEL, indiquent les numéros du Code auxquels ces alinéas correspondent.

PRÉFACE

La loi du 28 mars 1882 a pour la première fois introduit dans le programme de nos écoles primaires les **éléments du Droit usuel et de l'Économie politique**. S'il est permis de s'étonner d'une chose, c'est qu'ils n'y fussent pas inscrits depuis longtemps.

Dans un pays qui met en tête de ses Codes l'axiome que « *nul n'est censé ignorer la loi* », il ne faut pas que les enfants puissent sortir de l'école, munis d'un certificat par lequel l'État les déclare en possession du savoir indispensable à un citoyen, sans avoir la notion même du principe de notre législation.

On a dit à cette occasion : « *N'enseignez pas aux enfants les subtilités du Code : ce serait le moyen d'en faire des chicaniers* ». Cette menace n'a pas fait reculer les Chambres : il ne s'agit pas en effet de faire de jeunes docteurs en droit; il s'agit de faire que les jeunes Français comprennent l'esprit de nos lois et les principes de justice sur lesquels elles reposent. C'est l'ignorance de ces principes, qui rend tant de particuliers indifférents ou inattentifs aux formalités que la loi prescrit pour les actes de la vie civile, et qui prépare ainsi la matière de la plupart des procès. C'est elle qui empêche parfois les plaideurs de se rendre aux avis conciliants du juge de paix ou même aux décisions des tribunaux de première instance et qui éternise les querelles : les ignorants sont têtus.

Quant à la **Science économique**, les événements publics de ces dernières années ont démontré de plus en plus clairement qu'elle est au fond de toutes les questions politiques. Quand un peuple a le suffrage universel, qu'il prétend être son maître et tenir les cordons de la bourse nationale, il ne lui est pas permis d'ignorer ce qu'est le budget. D'ailleurs, puisqu'il se trouve des orateurs pour dénigrer en public la propriété, pour détourner les travailleurs d'épargner, il faut que ces grandes vérités sociales aient, elles aussi, leurs défenseurs. *On a dit que l'Angleterre avait économisé une révolution en fondant, il y a trente-cinq ans, plus de quatre mille chaires d'Économie politique.* **La loi de 1882** vient d'en fonder plus de *quarante mille en France :* ce sont là des postes de confiance, qu'elle a remis à la garde de nos instituteurs. Ils sauront les occuper dignement.

HENRI REVERDY. — AUGUSTE BURDEAU.

Paris, 15 mars 1883.

NOTE DES ÉDITEURS

Chaque chapitre du **Droit usuel** et de l'**Économie politique** se divise en deux parties : une *Leçon*, qui contient l'exposé des principes, et un *Récit* qui en donne l'application pratique.

Chaque leçon devra être lue en classe soit en une fois, soit par fragments; ensuite elle sera copiée en devoir par les élèves et apprise par cœur.

Pour la faire réciter, le maître se servira du *Questionnaire* placé à la fin du chapitre : à chaque paragraphe de la leçon correspond une question.

Les principes étant bien sus, le maître passera aux applications. Pour cela, on lira en classe les *Récits;* les **Devoirs de rédaction** indiqués à la fin du chapitre fourniront enfin l'occasion de faire récapituler les leçons par les élèves et de s'assurer qu'ils les ont comprises.

PICARD-BERNHEIM ET Cie.

PREMIÈRE PARTIE

ACTES DE L'ÉTAT CIVIL

PREMIÈRE LEÇON

DÉFINITIONS ET EXPLICATIONS PRÉLIMINAIRES.

1. Dresser, passer, recevoir un **acte**, c'est mettre par écrit un *fait*, comme la naissance d'un enfant, ou bien une *convention*, comme la location d'une maison. Mais pour que l'acte soit **valable**, pour qu'il puisse servir, il faut qu'il ait été fait dans de certaines conditions, par exemple avec des **témoins**, et qu'il ait été écrit dans de certains termes; *ces conditions et ces termes sont fixés par la loi*. La loi ne reconnait pas et ne garantit pas, naturellement, les actes qui sont faits en dehors de ses prescriptions.

Nous appellerons donc **acte** la constatation, par écrit et dans les formes voulues par la **loi**, d'un fait ou d'une convention.

2. Les **actes de l'état civil** sont ceux qui sont dressés par l'officier de l'état civil, conformément à la loi, pour constater les trois grandes phases de l'existence : la **naissance**, le **mariage** et le **décès**.

3. Les **officiers de l'état civil** sont les **maires** et

adjoints des communes, ou bien à leur défaut (1) les conseillers municipaux qui en font les fonctions.

RÈGLES COMMUNES AUX ACTES DE L'ÉTAT CIVIL.

[**34**]. — 4. Les actes de l'état civil énoncent (2) l'année, le jour et l'heure où ils sont dressés ; les prénoms, nom, âge, profession et domicile de tous ceux qui y sont dénommés.

[**35**]. — 5. Ils peuvent et doivent contenir les déclarations que la loi exige, et rien de plus.

[**37**]. — 6. Les témoins *produits* aux actes de l'état civil (3) ne peuvent être que du sexe masculin, âgés de vingt à vingt et un ans au moins, ils sont choisis par les **parties** (4) **intéressées** : par les *futurs*, par exemple, s'il s'agit d'un mariage. On peut les prendre parmi ses parents ou en dehors de sa famille, comme on le préfère.

[**39**]. — 7. Les **actes** sont **signés** par l'officier de l'état civil, les parties et les témoins; s'il existe quelque cause qui empêche les comparants (5) et les témoins de signer, il en est fait mention sur l'acte.

[**40**]. — 8. Les actes de l'état civil sont **inscrits** dans chaque commune sur des **registres** de papier timbré.

[**41**]. — 9. Ces **registres** sont au nombre de **quatre** : celui des **actes de naissance**, celui des **publications**, celui des actes de **mariage**, celui des actes de **décès**. Ces registres sont très précieux, puisque c'est à eux qu'on se rapporte pour connaître les *parentés*,

(1) *A leur défaut*, quand ils font défaut, qu'ils sont absents, ou morts trop récemment pour être déjà remplacés.

(2) *Énoncer :* déclarer.

(3) C'est-à-dire ceux que les intéressés amènent avec eux pour faire dresser ces actes.

(4) *Parties :* on appelle *parties* les personnes intéressées à une même affaire; ainsi, dans une vente, les parties sont l'acheteur et le vendeur; dans un procès, ce sont les deux plaideurs.

(5) *Comparants :* ceux qui comparaissent, c'est-à-dire les parties qui se présentent ensemble devant l'autorité.

pour établir l'ordre des *héritiers*, etc... Il faut donc éviter qu'on puisse y changer même une page, les **falsifier**; pour cela, chaque page est **paraphée** par le président du tribunal.

[**43**]. — **10.** Ceux des naissances, mariages et décès sont en **double.**

Un des doubles est déposé aux **archives** de la **commune**, l'autre au **greffe** du tribunal de première instance.

[**45**]. — **11.** Toute personne peut se faire délivrer des extraits de ces registres. Ces extraits délivrés sont faits sur papier timbré de 1 fr. 80; ils sont **certifiés**, c'est-à-dire garantis conformes au registre; enfin ils sont **légalisés**, par le président du tribunal ou par un juge, ou par le juge de paix; la légalisation oblige toute personne ou toute autorité quelconque à regarder comme vrai ce qu'ils énoncent, et à s'y conformer. On délivre aussi, à titre de renseignements, des *bulletins* des divers actes de l'état civil.

A Paris et dans beaucoup de villes, on remet maintenant aux parents des *livrets de famille*.

Exercices oraux ou écrits.

1. Qu'est-ce qu'un acte? — Qu'est-ce que dresser, passer un acte?
2. Qu'appelez-vous acte de l'état civil?
3. Qu'appelez-vous officier de l'état civil?
4. Que doivent énoncer les actes de l'état civil?
5. Que peuvent-ils contenir?
6. Que doivent être les témoins?
7. Par qui sont signés ces actes?
8. Où sont-ils inscrits?
9. Combien y a-t-il de registres?
10. Quels sont ceux qui sont en double?
11. Peut-on s'en faire délivrer des extraits?

ACTE DE NAISSANCE

SES CONSÉQUENCES.

DEUXIÈME LEÇON

[**55-56**]. — 12. Quand un enfant vient au monde, sa

naissance est **déclarée** dans les trois jours, à l'officier de l'état civil, par le père, ou, à son défaut, par les personnes qui ont assisté à la naissance.

L'acte de naissance est **rédigé** aussitôt en présence de deux témoins.

[**57**]. — **13.** L'acte de naissance énonce le jour, l'heure et le lieu de naissance, le sexe de l'enfant et les prénoms qui lui sont donnés, les prénoms, nom, profession et domicile des père et mère, et ceux des témoins.

Cet acte inscrit le nouveau-né au nombre des membres de la société, c'est-à-dire de la grande association formée par les personnes nées et habitant sur le sol de la France : ce seul fait lui donne les **droits** et lui impose les **devoirs** communs à tous les citoyens. (*Voir la Déclaration des Droits de l'homme*, page 201.)

[**319**]. — **14.** Il prouve **la filiation** de l'enfant légitime, le lie ainsi à la famille de laquelle il descend et lui donne le **nom** de son père.

[**203**]. — **15.** L'enfant a le *droit* d'être nourri, entretenu et élevé par ses père et mère.

[**371**]. — **16. L'enfant**, à tout âge, doit **honneur** et **respect** à ses **père** et **mère**.

[**372**]. — Il reste sous leur autorité et leur doit obéissance jusqu'à sa majorité ou son émancipation.

[**373**]. — Dans la famille, tant que dure le mariage, c'est-à-dire tant que le père et la mère sont vivants à la fois, c'est le père qui exerce l'autorité sur les enfants.

[**374**]. — L'enfant ne peut quitter la maison paternelle sans la permission de son père.

[**205**]. — Les enfants doivent les **aliments** à leur père et mère et autres ascendants (grand-père et grand'-mère) qui sont dans le besoin.

17. Le **majeur** est la personne qui a vingt et un ans.

[**488**]. — La **majorité** est fixée à vingt et un ans accomplis; à cet âge, on est **capable** de tous les actes de la vie civile, sauf la restriction qui sera indiquée au Titre du mariage.

[388]. — 18. **Le mineur** est donc l'individu de l'un ou l'autre sexe qui a moins de vingt et un ans.

19. **Le mineur émancipé** est celui qui est déclaré apte à administrer, c'est-à-dire à gérer ses biens, à veiller sur ses propres intérêts.

[489]. — 20. **L'interdit** est le majeur qui, se trouvant dans un état habituel d'imbécillité, de démence ou de fureur, en d'autres termes, étant idiot ou fou, ou bien ayant subi des condamnations, a été privé de ses droits et pourvu d'un tuteur.

[499-513]. — 21. Le majeur pourvu d'un **conseil judiciaire** est celui à qui, pour cause de prodigalité ou faiblesse d'esprit, il est défendu de vendre, d'emprunter et de faire certains actes sans l'assistance d'un conseil nommé par le tribunal.

Exercices oraux ou écrits.

12. Dans quel délai doit être déclarée la naissance d'un enfant? — Par qui? — A qui? — Faut-il des témoins?
13. Que doit énoncer l'acte de naissance?
14. A quoi sert-il?
15. Quels sont les droits d'un enfant?
16. Quelles sont ses obligations?
17. Qu'est-ce qu'un majeur?
18. Qu'est-ce qu'un mineur?
19. Qu'est-ce qu'un mineur émancipé?
20. Qu'est-ce qu'un interdit?
21. Qu'est-ce que l'individu pourvu d'un conseil judiciaire?

PREMIER RÉCIT

LA FAMILLE LESIEUR

I

Commencement modeste. Naissance d'un fils.

Lorsque la femme de Jacques-François Lesieur eut son premier garçon, son digne mari en fut plus heureux et plus fier qu'on ne saurait dire : sa femme lui avait bien déjà donné deux enfants, mais c'étaient des filles; et Lesieur n'en attendait qu'avec plus d'impatience un héritier. Aussi, après avoir embrassé de tout son cœur sa chère femme, il courut faire part de la nouvelle à ses amis et voisins.

Tous le félicitèrent, mais surtout Gilles Lamy, le charron, et Lenoir, l'épicier, qui étaient les plus anciens en amitié avec lui. Quand ils l'eurent bien complimenté, ils le reconduisirent chez lui : on but une bouteille de vieux vin à la santé

Les entretiens à la veillée.

de la mère et du nouveau-né, et on causa de l'avenir de l'enfant, qui s'annonçait comme un gaillard robuste et taillé pour abattre de la besogne.

— Ce n'est pas tout, voisin, dit Lenoir au moment de se séparer. Demain ou après-demain, il vous faut aller à la mairie déclarer votre enfant. Si vous m'en croyez, autant vaut demain que plus tard: **chose faite vaut mieux que chose à faire.** Vous aurez besoin de deux témoins : Gilles Lamy et moi, nous vous en servirons, voulez-vous ? J'aurai du plaisir à signer à l'acte de naissance du petit, et Gilles a tout à fait l'air de penser comme moi: Est-ce dit?

— C'est dit, voisins, répondit Lesieur. Je pensais justement à vous demander ce service; et comme de vrais amis, vous allez au-devant de mes désirs, et vous ne me laissez que la peine de dire merci.

On prit rendez-vous pour le lendemain, et à l'heure dite, on se dirigea vers la mairie. Les trois amis étaient dans leurs habits les plus neufs, comme il est convenable quand on va se présenter devant les autorités de son pays. Les gens qu'ils rencontraient les saluaient d'un air cordial, car ils étaient tous gens estimés, on serrait la main à Lesieur, qu'on aimait pour son honnêteté et que l'on considérait pour sa petite aisance laborieusement amassée.

Lesieur en effet commençait à être à son aise. Il n'y avait pas toujours été. Deux ans plus tôt, en 1818, Jacques-François Lesieur était charretier de son état chez le plus gros fermier du bourg; il gagnait 100 francs par an : c'était un gage ordinaire en ce temps-là. On mangeait la soupe au lard une fois par semaine; on buvait du très petit cidre; on travaillait fort.

Aujourd'hui un bon charretier a 500 ou 600 francs de gages, il mange tous les jours de la viande, boit un coup de vin à chaque repas et du bon cidre à discrétion; personne ne peut dire qu'on travaille plus péniblement qu'autrefois.

Justine Mary, la digne femme de Lesieur, faisait de la couture en soignant ses deux fillettes.

Comme tous deux étaient économes et rangés, les gages s'étaient accumulés; le fermier, bon maître, les plaçait pour son domestique à l'intérêt de cinq pour cent.

Un jour, il se trouva à vendre à Saint-Hilaire une maisonnette avec un petit champ attenant. — « Femme, dit Lesieur, si nous achetions cette maisonnette ? Nous pouvons presque la payer. — Quel bonheur, dit Justine, la maison a une petite étable : je pourrai avoir une vache ! » — Lesieur alla vers Jacques le fermier. — « Maître, lui dit-il, que pensez-vous de la petite maison du coin ? — Que dit ta femme ? fit le fermier. L'as-tu consultée ? — Oui, maître Jacques, et elle m'a dit de vous demander avis. — C'est bien, **bonne entente dans le ménage amène prospérité.** » Il ouvrit son livre et reprit : « Tu as chez nous avec les intérêts 987 fr. 75. Il te manquera peu de chose ; achète et viens chercher avec ton dû la différence : tu l'auras bien vite gagnée. » **Qui paie comptant n'a pas de frais de quittance.** Lesieur acheta et paya 1,050 francs.

II

Deux ans plus tard, Lesieur avait acheté en outre deux champs ; il en afferma trois autres. Il travaillait encore à journée pour le fermier, qui avait mis une charrue à sa disposition pour faire ses labours.

Il faisait ses labours avec les charrues du fermier.

La terre à cette époque (1820) valait dans les

bons pays 1,200 francs l'hectare, et s'affermait 28 francs l'hectare par an.

Lesieur devait alors sur ses acquisitions le quart de ce qu'il possédait; il payait au jour dit *intérêts* et *fermages*. C'est ainsi qu'ont débuté la plupart de ces braves travailleurs qui cultivent le sol de la France et qui en ont fait par leur courage et leurs bras vigoureux un des plus riches pays qui soient sous le soleil.

Aujourd'hui, grâce à eux, la terre vaut communément à l'hectare 2,400 et 3,000 francs, et 80 francs de fermage; l'intérêt de l'argent est toujours à 5 p. 100, mais il tend à diminuer, ce qui est bien à souhaiter pour les hommes laborieux et pauvres; plus ils pourront emprunter à petit intérêt, plus ils auront de facilité pour acheter des terres, dont ils tireront à force de peine de quoi payer leurs prêteurs.

Déjà maintenant des millions de cultivateurs n'ont plus de dettes et ils ont des livrets à la Caisse d'épargne, ou d'autres bonnes valeurs.

Les époux Lesieur n'étaient donc pas dans une mauvaise situation, pour des gens travailleurs et sobres, quand, le 1er mars 1820, ils eurent leur premier fils. Ils pouvaient se réjouir à bon droit : *en France, le fils aîné est l'espoir de la famille* : en qualité d'aîné il secondera le père dans ses travaux : il sera au besoin le soutien de la famille entière, le protecteur de ses sœurs et de ses plus jeunes frères. Quand le moment du partage des biens arrivera, par la mort des parents, sa part n'en sera pas plus forte : elle sera la même que celle de ses frères et sœurs. **Emulation dans le travail,**

part égale dans l'héritage. Tel est le principe de notre **Code civil.**

En Angleterre, par exemple, il n'en est pas de même; le fils aîné hérite seul de tous les biens immeubles. **Chez nous** cela ferait naître des jalousies; tandis que l'*égalité des partages met la concorde dans les familles.*

Quand Lesieur, avec ses deux témoins et la sage-femme qui portait l'enfant, fut arrivé à la maison commune, le maire, à qui il se présenta, demanda à voir le petit. Puis il ouvrit le **registre**

— Lesieur, vous faites valoir plusieurs champs.

des naissances et il dit : « Lesieur, vous faites valoir plusieurs champs; je mettrai donc pour votre profession : *cultivateur.*

En effet, Monsieur le Maire, dit Lesieur : il y a trois ans, il aurait fallu mettre *domestique;* il y a deux ans : *journalier.* »

M. le Maire qui avait servi comme sergent et qui aimait à parler par proverbes, reprit : « *La vie est une marche en avant; nous devons tous contribuer au progrès et en prendre notre part. C'est ce que vous avez fait, Lesieur. Qui travaille bien pour les autres, devient maître à son tour; qui économise ne craint pas les dettes; achetez un champ à la naissance de chaque enfant, vous vous préparerez une belle vieillesse.* »

« En attendant, continua le maire, donnez bien tous vos noms et prénoms (1) : **une erreur peut gêner plus tard**. Voyez ce qui est arrivé à Jean Bonnerot. Son père, en le déclarant à mon prédécesseur, il y a plus de vingt-cinq ans, avait mal donné l'orthographe de son nom, et le registre portait *Jean Bonneraux*. Aussi quand l'oncle Bonnerot de Paris est mort, laissant une succession assez ronde, et que Jean voulut en réclamer sa part, avec son acte de naissance à la main, les gens de loi lui ont dit d'abord : « Brave homme, vous vous trompez. Vous n'êtes pas des *Bonnerot* qui héritent. Attendez qu'il meure un *Bonneraux*, et nous verrons alors. » Heureusement, sur mon conseil, Jean a réclamé; il s'est adressé à un avoué et il a obtenu du tribunal un *jugement rectifiant son acte de naissance*. Quelquefois on peut s'en tirer par des *actes de notoriété ;* mais ces sortes d'erreur, si faciles à éviter, amènent toujours de grands ennuis sans compter les frais. »

M. le Maire fit **l'acte** (2) lui-même; il n'avait pas encore de **secrétaire de mairie** ; il l'écrivit, pas mal pour un ancien sergent. Il mit en marge

(1) Question 176.
(2) Questions 1 et 12.

le **n° 12**, parce que la naissance du garçon de Lesieur était, dans la commune, la douzième de l'année. Il y mit aussi le *nom*, **Lesieur** et les *prénoms* de **Jules-Achille** (1) donnés à l'enfant. Le père et les **témoins** signèrent à l'acte avec M. le

Une école communale à Paris.

Maire (2). Ils savaient écrire, en effet. Ils avaient du mérite. Il n'y avait alors que 2 écoles dans notre canton. Sur 100 conscrits, 10 seulement savaient lire. Aujourd'hui il y a des écoles partout; sur 100 conscrits, 2 seulement ne savent pas lire. Vous le voyez, **l'instruction a fait de grands progrès en France**; elle en fera encore bien plus.

(1) Question 13.
(2) Question 7.

DEVOIRS DE RÉDACTION.

1. L'un de vos amis vous a avoué son ignorance à l'égard des actes de l'état civil. Vous lui faites comprendre sous forme de lettre ce qu'on entend par ces actes, et vous lui exposez les règles communes auxquelles ils sont assujettis.

2. Expliquez la différence qu'il y a entre l'acte de l'état civil et l'extrait de cet acte que chaque particulier peut se faire délivrer. Dites quelles mentions doit contenir l'extrait; comparez-le au simple bulletin.

3. Il vient de naître un enfant chez un de vos voisins; indiquez à celui-ci ce qu'il a à faire; où et comment sera dressé l'acte et par qui il sera signé.

4. Montrez les effets de l'acte de naissance, ainsi que les droits qu'il donne à l'enfant et les devoirs qu'il lui impose. Distinctions à faire entre le mineur, l'émancipé, le majeur, l'interdit, et le majeur pourvu d'un conseil judiciaire.

ACTE DE MARIAGE

TROISIÈME LEÇON

AGE AUQUEL ON PEUT SE MARIER. — CONSENTEMENT DES PARENTS.

[**144**]. — 22. L'homme avant dix-huit ans révolus, la femme avant quinze ans révolus, ne peuvent contracter mariage.

[**148**]. — 23. Le fils qui n'a pas atteint l'âge de vingt-cinq ans accomplis, la fille qui n'a pas atteint l'âge de vingt et un ans accomplis, ne peuvent contracter mariage sans le **consentement** de leurs père et mère ; en cas de dissentiment, si le père est d'un avis, et la mère d'un autre, le consentement du père suffit ; celui de la mère ne suffit pas.

[**149**]. — Si l'un des deux est mort, ou s'il est dans l'impossibilité de manifester sa volonté (par exemple s'il est paralysé, ou s'il a disparu), le consentement de l'autre suffit.

[**150**]. — Si le père et la mère sont morts, ou s'ils

sont dans l'impossibilité de manifester leur volonté, les aïeuls et aïeules les remplacent.

[**151-152**]. — Même après l'âge de vingt-cinq ans et vingt et un ans ci-dessus indiqué, les enfants de famille sont encore tenus de demander au moins, par **acte respectueux** et formel, le conseil de leurs père et mère ou de leurs aïeul et aïeule; mais cela fait, le refus des parents ne peut empêcher le mariage.

[**76-73**]. — 24. Le **consentement** des parents au mariage est donné le jour du mariage et dans l'acte même, ou auparavant par un acte particulier, fait devant notaire.

QUATRIÈME LEÇON

PUBLICATION DES BANS.

25. La publication des *bans* est faite par l'officier de l'état civil du domicile des futurs époux.

[**63**]. — Avant la célébration du mariage, l'officier de l'état civil fait deux publications à huit jours d'intervalle, *un jour de dimanche*, devant la porte de la maison commune. Ces publications et l'acte qui en est dressé énoncent les prénoms, noms, professions et domiciles des futurs époux, leur qualité de majeurs ou mineurs et les prénoms, noms, professions et domiciles de leurs père et mère, et, en outre, les jour, lieu et heure des publications.

[**64**]. — Un extrait en est affiché pendant les huit jours à la porte de la maison commune; le mariage ne peut être célébré avant le troisième jour depuis et non compris celui de la seconde publication. C'est-à-dire qu'à compter du jour de la **première publication** jusqu'à celui du **mariage**, il doit s'écouler au moins **onze journées** complètes ou **jours francs**.

[**166**]. — Ces deux publications sont faites à la **municipalité** du lieu où chacune des parties contractantes a son **domicile**.

[167]. — Il suffit de **demeurer** depuis **six mois** dans un lieu, d'y avoir six mois de **résidence**, pour être censé avoir établi là son **domicile**. Mais dans ce cas, il faut faire les publications non seulement à la **municipalité** du **domicile où l'on est**, mais aussi à la municipalité du **dernier domicile** où l'on a été.

[168]. — Si les parties contractantes, ou l'une d'elles, sont, relativement au mariage, sous la puissance d'autrui, si par exemple les futurs sont **mineurs**, ou si l'un d'eux est mineur, les publications sont encore faites à la municipalité du domicile de ceux sous la puissance desquels elles se trouvent.

CINQUIÈME LEÇON

PIÈCES A REMETTRE A L'OFFICIER DE L'ÉTAT CIVIL AVANT LE MARIAGE.

26. 1° *Acte de naissance* de chacun des futurs époux;

2° *Acte de consentement des parents;* mais les futurs n'ont pas à déposer cette pièce quand ce consentement peut être donné dans l'acte de mariage : les parents viennent alors au mariage et signent à l'acte;

3° Quand les ascendants ont refusé leur consentement, il faut déposer les procès-verbaux des actes par lesquels on le leur a demandé : ces actes se nomment *actes respectueux;*

4° Lorsque ceux des ascendants dont le consentement est *requis*, exigé, par la loi, ne se présentent pas, on doit déposer les jugements ou autres preuves établissant qu'il y a *empêchement légal :* par exemple un **jugement d'absence**, qui déclare la disparition de la personne;

5° *Actes de décès* des pères, mères, aïeuls et aïeules, que la loi aurait appelés à donner leur consentement;

6° *Certificats de publications* faites dans les divers domiciles, autres que celui de la commune où le mariage est célébré;

7° *Mainlevée* des oppositions s'il y en a;

8° *Acte de décès du conjoint* décédé s'il s'agit du mariage de personnes veuves;

9° *Dispenses* quand il en a été accordé;

10° Si le futur n'a pas trente ans, *certificat constatant qu'il a satisfait à la loi du recrutement;*

11° *Permission* si le futur est militaire ou marin;

12° *Certificat d'aptitude* s'il s'agit d'un étranger;

13° S'il y a un contrat, *certificat du notaire* qui l'a reçu.

LIEU DU MARIAGE. — TÉMOINS.

[165]. — 27. Le mariage est célébré publiquement le jour désigné par les parties, après les délais des publications,

Dans la maison commune (mairie),

En présence de quatre témoins, parents ou non parents,

Devant l'officier de l'état civil du domicile de l'une des parties.

Ce domicile est le *domicile réel*, ou le domicile légal, c'est-à-dire celui où l'on est tenu de résider, ce qui est le cas pour certains fonctionnaires, ou enfin celui qui s'établit par six mois de résidence dans la même commune.

CE QUE CONTIENT L'ACTE DE MARIAGE.

[76]. — 28. L'acte de mariage énonce :

1° Les prénoms, noms, professions, âges, lieux de naissance et domiciles des époux;

2° S'ils sont majeurs ou mineurs;

3° Les prénoms, noms, professions et domiciles des père et mère;

4° Le consentement des père et mère, aïeuls et aïeules et celui de la famille, dans les cas où ils sont requis;

5° Les actes respectueux, s'il en a été fait;

6° Les publications dans les divers domiciles;

7° Les *oppositions* s'il y en a eu, leur *mainlevée* ou la mention qu'il n'y a point eu d'opposition;

8° La déclaration des contractants de se prendre pour époux et les paroles par lesquelles l'officier public prononce leur union;

9° Les prénoms, noms, âges, professions et domiciles des témoins et leur déclaration s'ils sont parents ou alliés des parties, de quel côté et à quel degré;

10° La déclaration qu'il a été ou qu'il n'a pas été fait de contrat de mariage, la date du contrat s'il existe et les noms et lieu de résidence du notaire.

Exercices oraux ou écrits.

22. A quel âge peut-on se marier?
23. Quel consentement est nécessaire?
24. Comment le consentement des parents est-il donné?
25. Qui est-ce qui fait les publications?
26. Quelles pièces doit-on remettre à la municipalité avant le mariage?
27. Où se fait le mariage? — Combien faut-il de témoins?
28. Que contient ou énonce l'acte de mariage?

DEUXIÈME RÉCIT

LA FAMILLE LESIEUR (*suite*)

Prospérité. Mariage d'un fils.

Quand je parle de prospérité, je ne veux pas vous dire que la famille Lesieur fut exempte d'épreuves! Il y eut des récoltes mauvaises; le père fut malade d'un refroidissement, bien qu'il eût la prudence de ne jamais boire d'eau froide quand il était en sueur, et bien qu'il suivît le précepte d'un vieux médecin: de ne pas boire avant d'avaler une bouchée de pain trempée dans le verre de vin, de piquette ou d'eau.

La mère aussi fut malade; les enfants ne s'en doutèrent même pas, tant elle avait de courage! Des chevaux et des vaches périrent. A cette époque on ne savait pas s'associer pour atténuer ces pertes; aujourd'hui chacune des 20 communes du canton a une *société d'assurances mutuelles* contre la mortalité des bestiaux; elles rendent de fameux services! Et les moutons qui moururent de contagion! **M. Pasteur**, ce grand savant, véritable bienfaiteur des paysans, ne vivait pas encore, et l'on n'avait pas trouvé le moyen de *vacciner les bêtes*.

Malgré tout, la famille avait continué la **marche en avant**: elle avait lutté sans faiblir; les enfants avaient grandi en travaillant; les troupeaux, les chevaux et les vaches avaient été vendus et renouvelés nombre de fois avec bénéfices; plusieurs pièces de terre avaient été achetées; il n'y avait plus de dettes: des billets de banque étaient pliés dans un portefeuille; des pièces dor et d'argent se cachaient au fond d'un tiroir que les enfants ne se permettaient pas d'ouvrir.

M. Pasteur.

Un jour, la ferme où Lesieur avait jadis servi comme charretier, fut mise en vente en détail. Lesieur se trouva assez d'économies pour acheter les bâtiments avec 10 hectares de bonnes terres.

Dans notre France, pays de liberté, ce ne sont pas seulement les citoyens qui sont libres; le sol aussi est libre, celui des villes qui porte d grandes maisons où prospère le commerce, comm celui des campagnes où pousse le blé. Rien n s'oppose à ce qu'on le vende, comme toute autre espèce de biens ou de denrées. Et par suite ce sol vient de lui-même s'offrir de temps en temps à qui veut l'acheter. Celui qui a bien travaillé et économisé trouve toujours à se procurer des terres :

La ferme où Lesieur avait servi fut mise en vente.

le sol vient petit à petit aux mains de ceux qui le cultivent : et c'est justice.

En Angleterre, dans une grande partie de l'Allemagne et en Russie, le sol ne peut pas être ainsi morcelé. Les grandes propriétés se transmettent aux aînés dans les mêmes familles sans qu'on puisse les aliéner.

Revenons à la famille Lesieur.

Le fils avait grandi, ses deux sœurs étaient bien mariées, il trouva lui-même un très bon parti :

c'était Louise-Émilie Azé. Elle n'était pas riche et n'apportait avec elle que son trousseau, une paire de mains adroites et actives et un cœur d'or. — « Puisque tu l'aimes, épouse-la, dit Lesieur à son fils, ta mère ne m'a pas apporté d'autre dot que celle-là : et je m'en suis bien trouvé. »

Par **contrat de mariage** (1), les Lesieur cédèrent à leur fils la culture; tout fut estimé avec grande justice et de bon accord pour ne pas faire de tort à ses deux sœurs.

Le mariage au village.

Au jour convenu, les futurs se réunirent à la mairie : ils avaient amené chacun deux témoins; ils avaient aussi avec eux leurs parents.

Quand on fut devant M. le Maire, il se trouva que ce dernier était l'ancien maréchal qui avait ferré les chevaux lorsque le père Lesieur était

(1) Question 121

charretier. Tous les deux avaient réussi ; ils avaient rudement travaillé. M. le Maire ne put s'empêcher de dire : « *Allons, mon vieil ami, un clou chasse l'autre, les jeunes vont remplacer les vieux. J'ai soudé bien des barres de fer sur l'enclume, et maintenant* **je soude les familles sur les registres de l'état civil** (1). *Que ces jeunes gens suivent ton exemple ; tu as usé mes fers en améliorant tes terres. Plus on use de fers, moins on use les terres ; car plus on laboure, plus la terre est délivrée des mauvaises herbes, et plus elle est fertile.* »

Tous signèrent l'acte (2), aussi bien les époux que leurs parents et les quatre témoins : c'est que, dans cette famille, *l'instruction fut toujours en honneur.*

DEVOIRS DE RÉDACTION.

5. Un jeune homme de votre connaissance âgé de vingt et un ans veut contracter mariage sans consulter ses parents. Faites-lui comprendre par lettre que cela lui est impossible. Montrez-lui comment la loi a réglé la soumission et le respect des enfants qui veulent se marier, envers leurs parents.

6. Exposez brièvement les formalités à accomplir pour un mariage : publication des bans, pièces à remettre au maire, lieu précis de la célébration du mariage, témoins.

7. Votre frère ou votre sœur va contracter mariage : expliquez-lui ce qu'il y a à faire ; où et comment sera dressé l'acte, et par qui il sera signé.

ACTE DE DÉCÈS

[77]. — 29. Aucune **inhumation** ne peut être faite sans une autorisation de l'officier de l'état civil ; elle ne peut avoir lieu que vingt-quatre heures après le décès, hors les cas prévus par les *règlements de police.*

[78]. — 30. **L'acte de décès** est dressé par l'officier

(1) Questions 8 et 9.
(2) Question 7.

de l'état civil, sur la **déclaration** de deux témoins; ces deux témoins doivent être les deux plus proches parents ou voisins; toutefois, lorsqu'une personne est décédée hors de son domicile, les deux témoins sont : d'abord la personne chez laquelle le décès a eu lieu, et en second lieu, une autre personne, parente ou non du défunt.

[79]. — 31. L'acte de décès contient les prénoms, nom, âge, profession et domicile de la personne décédée; les prénoms et nom de l'autre époux si le décédé était marié ou veuf; les prénoms, noms, âges, professions et domiciles des déclarants, et, s'ils sont parents avec le décédé, leur degré de parenté.

Le même acte contient de plus, autant qu'on pourra le savoir, les prénoms, noms, professions et domicile des père et mère du décédé, et, enfin, le lieu de sa naissance.

[81]. — 32. Lorsqu'il y aura des signes ou indices de **mort violente**, ou d'autres circonstances qui donneront lieu de la soupçonner, on ne pourra faire l'inhumation qu'après qu'un **officier de police**, assisté d'un **docteur**, aura dressé procès-verbal.

Exercices oraux ou écrits.

29. Peut-on inhumer une personne sans autorisation?
30. Qui fait la déclaration du décès?
31. Que doit contenir l'acte de décès?
32. Que faut-il faire quand il y a eu mort violente?

TROISIÈME RÉCIT

LA FAMILLE LESIEUR (*suite*)

Adversité. — Décès.

Ce que j'ai à vous raconter maintenant est triste: ces événements se passèrent en 1870, pendant l'année terrible.

Achille Lesieur, dont vous avez vu la naissance

et le mariage, avait perdu à cette époque ses père et mère morts après une longue et belle vieillesse. Trois grands garçons, la joie de la maison, l'aidaient dans ses travaux rustiques.

En 1870, l'aîné avait vingt-sept ans; il venait de rentrer du service avec le grade de sergent; le cadet

L'aîné mourut au champ d'honneur, à Bapaume.

avait vingt-deux ans; son frère l'avait exempté. Car dans ce temps-là, celui qui avait un frère sous les drapeaux était exempt du service militaire; le dernier avait vingt ans et demi.

Mais la guerre éclata. L'*aîné* fut **rappelé** comme **ancien militaire** non marié. Ayant déjà servi, il était d'autant plus indispensable à la patrie; il lui devait double : son expérience militaire et son sang. Pris à Sedan avec tant d'autres, il s'échappa, rejoignit l'armée du Nord, d'où il envoya plusieurs fois de longues lettres à ses parents, devint officier et mourut **au champ d'honneur**, à la bataille de

2.

Bapaume. Ses lettres arrivèrent après, mais nul ne sut au juste où reposait son corps : il est au nombre de ces héros inconnus qui dorment par milliers sur la terre de France. Ils sont encore heureux, ceux-là, quand on songe à tant d'autres, morts en captivité, hélas ! et dont les pauvres corps reposent sur la terre ennemie.

Le *second* partit comme **garde mobile.** Il se battit souvent, et plus d'une fois ce fut non loin de son pays. Un jour, c'était sur le plateau qui domine la petite ville d'**Épernon** ; il était près du commandant **Lecomte.** Les Bavarois étaient à moins de cent pas, sortant du bois. Le commandant les voyant se découvrir enfin, se lance en avant, criant : « *A moi, mes enfants, nous les tenons !* » Le second fils de Lesieur tombe frappé d'une balle. Les mobiles se mirent en retraite : l'artillerie ennemie balayait le plateau et de face et de flanc ; les mobiles n'avaient pas de canons.

Le *troisième* fut incorporé dans le 2e bataillon de **chasseurs à pied** ; ils se trouvaient là beaucoup du même département. Un matin, c'était aussi du côté de Bapaume, ils furent placés vingt et un en **grand'garde**, déployés en **tirailleurs**, à 10 mètres l'un de l'autre, derrière une mince haie. Tout à coup, en avant, dans la brume, un régiment saxon de cavalerie débouche du coin d'un bois. Les vingt et un chasseurs se regardent : sur un ordre du sergent, ils se massent par quatre, baïonnette croisée, pour résister à la charge ; le caporal dit au sergent : « *Qu'a dit le commandant? — De tenir bon! — Eh bien, tenons !...* » Et la fusillade commence. Le régiment saxon hésitait : le colonel, un prince, commande la charge et s'élance en avant pour enlever ses hommes. — « *A moi, celui-là*, dit le sergent, *il ne* *viendra pas jusqu'ici !* » Il saute la haie, ajuste à cinquante pas le colonel et le jette à bas, frappé à mort. La charge passe comme l'ouragan... Sur la terre restent étendus trente-deux Saxons et des vingt et un chasseurs du 2e, sept survécurent. Le moins blessé était Lesieur : il portait onze coups de sabre. Mais de ces estafilades, on n'en meurt pas.

Les Prussiens réquisitionnèrent les hommes avec leurs attelages.

Pendant ce temps, le père, qui n'avait plus de fils près de lui, s'était remis, quoique vieux et déjà cassé par le travail, aux durs labeurs des champs ; la mère l'aidait de toutes ses forces ; elle se cachait souvent pour pleurer.

Un jour, les Prussiens occupèrent le bourg : ils prirent le fourrage, l'avoine, le pain, les vaches, les moutons qu'ils voulurent ; ils appelaient cela : **requérir, réquisitionner, faire des réquisitions.** Nous appelons cela : **voler** sous prétexte de guerre. Les hommes avec leurs attelages furent conduits aux tranchées que l'on creusait à **Meudon** pour bombarder **Paris.** Achille Lesieur en était.

Des canons énormes arrivaient de Prusse, si lourds qu'ils défonçaient toutes les routes; pour les hisser sur le coteau, les Allemands coupaient des troncs d'arbres, les débitaient en billes qui, rangées côte à côte, formaient des routes en pentes, des plans inclinés praticables. Et, chose triste à dire, c'étaient des Français qu'on forçait, avec leurs pauvres bêtes, de travailler à cet ouvrage abominable. Les Prussiens disaient : « C'est la guerre ! » Et c'était en effet la guerre telle que ces gens-là savent la faire.

Au bout de trois semaines, Achille Lesieur put s'échapper : ses chevaux étaient morts fourbus, son tombereau était brisé.

Quand il parut dans le village, il vit des gens en deuil qui rentraient du cimetière chez eux. Ses amis n'osaient pas le regarder en face. Il comprit vite! Sa pauvre femme était morte du désespoir qu'elle avait de voir tous les siens sous les canons allemands: on revenait de la conduire en terre! C'était trop de chagrin pour lui : neuf mois après, le 6 décembre 1871, il alla la rejoindre, maudissant la barbarie prussienne

Remarquez bien ceci : il mourut chez lui, près de ses fils; **l'acte de son décès** (2) fut dressé le lendemain; un parent et un voisin signèrent comme témoins avec M. le maire.

Plus tard son fils eut besoin de cet acte; il leva un **extrait** (3) du registre, c'est-à-dire une copie

(2) Question 30.
(3) Question 11.

entière de l'acte, sur timbre à 1 fr. 80; le **maire signa** cette copie et mit à côté de sa signature le **sceau de la mairie**; la signature du maire fut **légalisée** (1) par le président du tribunal : elle eût pu l'être aussi bien par le **juge de paix**.

Le sceau ou cachet ne se met que sur les extraits, à côté de la signature de l'officier de l'état civil; ce sceau, qui ne doit pas sortir de la mairie, est une *garantie de la signature* elle-même.

Mais le pauvre officier tué à Bapaume, comment son *acte* fut-il fait? Eh bien, voici : si son corps avait été reconnu sur le champ de bataille, **l'officier d'Intendance** chargé des fonctions de l'état civil aux armées, aurait dressé son acte et il l'aurait fait parvenir au maire de la commune qui l'aurait **transcrit** aux registres. Mais il ne fut pas reconnu! Le tribunal du lieu de sa naissance ordonna alors une **enquête**, il prononça ensuite un **jugement** disant que cette enquête démontrait le décès. Le jugement fut **transcrit** sur les **registres** (2) de **la commune**.

Les Allemands, pendant la dernière guerre, avaient tous sur eux des *médailles* portant leur nom et les n^{os} des compagnies et régiments; désormais en temps de guerre, nos soldats en auront aussi. De la sorte nous ne risquerons plus de ne pas reconnaître nos morts.

Dans les papiers de Lesieur on trouva une feuille sur laquelle le père, en homme d'ordre qu'il était, avait inscrit les noms, prénoms de toutes les per-

(1) Question 52.
(2) Questions 8, 9.

sonnes de la famille et tous les actes qui intéressaient ses affaires. C'était le tableau des *Annales civiles de la famille*.

DEVOIRS DE RÉDACTION.

8. Parlez de l'autorisation et des délais nécessaires pour l'inhumation d'une personne décédée. Dites comment et par qui sera dressé l'acte de décès et ce qu'il contient.

9. Votre oncle vous apprend qu'un de ses fils a été tué dans un combat en Afrique; c'est un ami de son fils qui le lui a appris par une lettre. Écrivez à votre oncle, et indiquez-lui comment l'acte de décès du défunt a dû être dressé.

10. Les parents d'un de vos camarades ont perdu leur fils aîné dans la dernière guerre; ce jeune homme a disparu dans une bataille et ils n'ont plus entendu parler de lui. Dites-leur sous forme de lettre comment ils doivent s'y prendre pour faire constater son décès.

DEUXIÈME PARTIE

LES PRINCIPAUX CONTRATS ET ACTES VOLONTAIRES

SIXIÈME LEÇON.

DÉFINITIONS ET EXPLICATIONS PRÉLIMINAIRES

[**102**]. — **33.** Le **domicile** de tout **Français**, quand il s'agit de l'exercice de ses droits civils, est au lieu où il a son principal établissement. — C'est le **domicile réel**.

[**111**]. — **34.** Dans un acte, on appelle **domicile élu** celui que les parties indiquent comme celui où devra être exécuté ce qui est relatif à cet acte.

[**107**]. — **35.** On appelle **domicile légal** celui que la loi assigne au titulaire de **fonctions** conférées à vie, au lieu où elles doivent s'exercer : exemple, un juge, un notaire, un percepteur, etc.

[**516**]. — **36.** Il y a deux sortes de biens :

Tous les biens sont **meubles** ou **immeubles**.

[**517-A-526**]. — **37.** Les biens sont **immeubles** ou par leur **nature**, comme la terre et les bâtiments, — ou par leur **destination**, comme les bestiaux, ustensiles et engrais placés par le propriétaire pour l'exploitation d'une ferme, — ou par **l'objet** auquel ils s'appliquent, comme **l'usufruit** des choses **immobilières**, les **servitudes** ou **services fonciers**, les **actions** qui tendent à revendiquer un immeuble.

[527]. — 38. Les biens sont **meubles** par leur **nature** ou par la **détermination** de la **loi**.

[528]. — Sont meubles par leur nature, les corps qui peuvent se transporter d'un lieu à un autre.

[529]. — Sont meubles par la détermination de la loi, les **obligations** et **actions** ayant pour objet des **sommes** exigibles ou des **effets mobiliers**.

[544]. — 39. La **propriété** est le droit de **jouir** et **disposer** des choses de la manière la plus absolue, pourvu qu'on n'en fasse pas un usage prohibé par les lois et règlements publics.

[545]. — Nul ne peut être contraint de céder sa propriété, si ce n'est pour cause d'**utilité publique** et moyennant une juste et préalable **indemnité**. C'est ce qui arrive, par exemple, aux propriétaires à travers les biens desquels on veut faire passer une rue, une route, un chemin de fer. Il faut une loi pour déclarer que la rue, la route ou le chemin de fer est une entreprise *d'utilité publique*. Ensuite, un tribunal particulier, le *jury d'expropriation*, fixe l'indemnité à accorder au propriétaire.

[578]. — 40. **L'usufruit** est le droit de **jouir** des choses dont un autre a la propriété : l'usufruitier peut user des choses, comme le propriétaire lui-même, mais à la charge d'en **conserver la substance**, c'est-à-dire de ne les vendre, ni les détruire, ni les laisser périr par sa faute.

Quand il y a un usufruitier, le droit du propriétaire s'appelle **nue propriété**.

[637]. — 41. Une **servitude** est une charge imposée sur un héritage pour l'usage et l'utilité d'un héritage appartenant à un autre propriétaire.

Exemples : la mitoyenneté, les droits de vue, d'égout, de passage.

[1101]. — 42. Le **contrat** est une convention par laquelle une ou plusieurs personnes s'obligent, envers une ou plusieurs autres, à donner, à faire ou à ne pas faire quelque chose.

[**1317**]. — 43. **L'acte authentique** (ou titre authentique, ou contrat authentique) est celui qui a été reçu par un officier public (maire, préfet, notaire, etc.), ayant droit *d'instrumenter*, d'exercer sa profession dans le lieu où l'acte a été rédigé : il faut en outre que l'acte ait été fait avec les solennités requises par la loi.

44. Le **procès-verbal** est l'acte par lequel tout officier, ou fonctionnaire public, ou agent de l'autorité, rend compte de ce qu'il a fait dans l'exercice de ses fonctions, et de ce qui a été fait, dit, ou convenu en sa présence.

45. Les **notaires** sont les fonctionnaires publics établis pour recevoir tous les actes et contrats auxquels les parties veulent ou doivent donner le caractère d'authenticité attaché aux actes de l'autorité publique, et pour en assurer la date, en conserver le dépôt, en délivrer des grosses et expéditions (loi du 25 ventôse an XI).

46. La **minute** (1) est **l'original** de l'acte dont le dépôt est conservé par le notaire.

47. *Les actes* **sont reçus** par deux notaires ou par un notaire et deux témoins qu'on appelle *témoins instrumentaires.*

48. Les **expéditions** sont les copies des actes délivrées par le fonctionnaire ayant qualité.

49. Les **grosses** sont les copies revêtues, au commencement et à la fin, d'une formule dite exécutoire (2).

[**1322**]. — 50. L'acte **sous seing privé** est celui que les parties ont arrêté à elles seules par leurs *seings* ou signatures.

(1) Ce mot vient du latin *minutus, minuta*, diminué, petit, parce que la minute est en écriture fine. Les expéditions et grosses au contraire sont écrites en demi-gros.

(2) Qui emporte exécution. Exécuter un débiteur, par exemple, c'est faire vendre son bien pour se faire payer sur le prix. (Voyez le récit, page 61, n° 107.)

[1325]. — Il doit être fait en autant d'originaux qu'il y a de parties ayant un intérêt distinct. Chaque original doit contenir la mention du nombre des originaux faits.

[1341]. — 51. Il doit être **passé acte** devant notaire ou sous signatures privées de toutes choses excédant la somme ou valeur de cent cinquante francs, sauf pour ce qui concerne le commerce.

Les actes peuvent être passés par *mandataire*.

Le **mandat, procuration,** ou *pouvoir* est un acte par lequel une personne (le *mandant*) donne à une autre (le *mandataire*), mission de conclure et signer à sa place une convention, un acte.

Quand l'acte en vue duquel le pouvoir est donné doit être notarié, la procuration sera notariée, sinon elle peut être sous seing privé. On verra que dans le commerce le mandat peut être verbal.

[45].— 52. La **légalisation** est l'attestation par un fonctionnaire compétent de la vérité des signatures apposées à un acte, et de la qualité de ceux qui l'ont reçu ou expédié.

Les fonctionnaires *compétents* pour légaliser, c'est-à-dire ceux qui ont ce droit, sont les présidents de tribunaux, juges, juges de paix et leurs suppléants;

Les maires et adjoints, les préfets et sous-préfets, les ministres.

SEPTIÈME LEÇON.

CONDITIONS REQUISES POUR LA VALIDITÉ DES CONVENTIONS.

[1108]. — 53. Quatre conditions sont essentielles pour la **validité** d'une convention, pour qu'elle soit reconnue et garantie par la loi et devienne **loi** des parties :

1° Le **consentement** de la partie qui s'oblige ;

2° Sa **capacité** de contracter (son droit de signer des engagements) ;

3° Un **objet certain** qui forme la matière de l'engagement ;

4° Une **cause licite**.

Nous allons expliquer ces conditions :

1° *Consentement.*

[1109]. — Il n'y a point de consentement valable, si le consentement n'a été donné que par erreur, ou s'il a été arraché, extorqué par violence ou surpris par *dol* (fraude).

2° *Capacité.*

[1123]. — Toute personne peut contracter, si elle n'en est déclarée incapable par la loi.

[1124]. — Les incapables de contracter sont :

Les mineurs ;

Les interdits ;

Les femmes mariées, dans les cas exprimés par la loi (1) ;

Et généralement tous ceux à qui la loi interdit certains contrats.

3° *Objet et matière des contrats.*

[1126]. — Tout contrat a pour objet une chose qu'une partie s'oblige à donner, ou qu'une partie s'oblige à faire ou à ne pas faire.

[1128]. — Il n'y a que les choses qui sont dans le commerce qui puissent être l'objet d'une *convention.*

[1130]. — Les choses futures peuvent être l'objet d'une obligation, excepté les successions futures.

4° *Cause.*

[1131]. — L'obligation sans cause, ou sur une fausse cause, ou sur une cause illicite, ne peut avoir aucun effet.

[1132]. — Il n'est pas nécessaire que la cause soit exprimée.

[1133]. — La cause est illicite quand elle est prohibée par la loi, quand elle est contraire aux bonnes mœurs ou à l'ordre public.

EFFETS DES CONVENTIONS.

[1134]. — Les conventions légalement formées font la loi à ceux qui les ont faites ; **le contrat est la loi des contractants.**

(1) Question 63. La femme mariée ne peut vendre sans l'autorisation de son mari ou de la justice.

Les conventions ne peuvent être révoquées que de leur consentement mutuel, ou pour les causes que la loi autorise.

Elles doivent être exécutées de **bonne foi.**

HUITIÈME LEÇON.

ENREGISTREMENT ET TIMBRE.

54. **L'enregistrement** est une constatation qui se fait sur des registres spéciaux, où l'on marque l'état des mutations, actes et conventions, pour en fixer l'**impôt,** en constater la **date** et en assurer l'**existence.**

Les actes des notaires sont présentés par eux à l'enregistrement dans les dix ou quinze jours de leur date, suivant que leur résidence est ou non au lieu du bureau de l'enregistrement.

Les actes sous seings privés qui font changer un bien de propriétaire ou de possesseur, ou de fermier, et qui, comme on dit, emportent *mutation de propriété* ou de *jouissance*, tels que *ventes* et *baux*, doivent être présentés à l'enregistrement dans les **trois mois** de leur **date.**

55. Le **timbre** est un **impôt** établi sur tous les **papiers** destinés aux actes civils et judiciaires, et aux écritures qui peuvent être produites en justice et y faire foi.

56. Il est indispensable de faire connaître les **diverses sortes de timbre** ci-après :

1° Le timbre à 1 fr. 50 (1 fr. 80 avec les décimes); il sert pour les extraits d'état civil, expéditions et grosses des notaires. On appelle **décimes** ou **doubles décimes,** un impôt de 1 dixième, 2 dixièmes, 2 dixièmes 1/2 en plus du droit principal d'enregistrement et de timbre ;

2° Le timbre à 1 fr. (1 fr. 20 avec les décimes) ;

3° Le timbre demi-feuille à 50 centimes (60 centimes avec les décimes).

Ces timbres peuvent être employés pour tous les actes

autres que les billets et reconnaissances simples de sommes dues.

4° Le timbre proportionnel, forme oblongue, pour les billets à ordre et reconnaissances, est de 5 centimes pour 100 francs et au-dessous; 10 centimes pour 100 à 200 francs, etc.;

5° Le timbre mobile de 10 centimes pour tous reçus et décharges : il doit être collé sur le reçu, puis annulé par la signature et la date qu'on a soin d'écrire dessus.

Exercices oraux ou écrits.

33. Où est le domicile d'un Français?
34. Qu'appelez-vous domicile élu?
35. Qu'appelez-vous domicile légal?
36. Combien y a-t-il de sortes de biens?
37. Comment les biens sont-ils immeubles?
38. Comment les biens sont-ils meubles?
39. Qu'est-ce que la propriété?
40. Qu'est-ce que l'usufruit? Qu'est-ce que la nue propriété?
41. Qu'est-ce qu'une servitude?
42. Qu'est-ce que le contrat?
43. Qu'est-ce que l'acte authentique?
44. Qu'est-ce que le procès-verbal?
45. Qu'est-ce qu'un notaire?
46. Qu'est-ce que la minute d'un acte
47. Par qui sont reçus les actes?
48. Qu'est-ce que l'expédition?
49. Qu'est-ce que la grosse?
50. Qu'est-ce qu'un sous seing privé?
51. Doit-il être passé acte de tout?
52. Qu'est-ce que la légalisation?
53. Quelles sont les conditions requises pour la validité des conventions?
54. Qu'est-ce que l'enregistrement?
55. Qu'est-ce que le timbre?
56. Indiquez les timbres qu'il est indispensable de connaître?

DEVOIRS DE RÉDACTION.

11. Expliquez, par des exemples pris dans votre entourage, les définitions des divers domiciles.

12. Racontez, sous forme de lettre à un ami, que vous êtes allé chez un de vos cousins, propriétaire à la campagne, et très ignorant des articles du code, et que, votre livre à la main, vous lui avez appris ce qui chez lui était meuble et immeuble.

13. Parlez de la propriété et des droits et devoirs qui y sont attachés. Comparez-la avec l'usufruit, que vous définirez en vous appuyant sur des exemples.

14. Expliquez la nature des différents actes, contrat, acte authentique, procès-verbal, minute, expédition, grosse, acte sous seing privé. Terminez en parlant de la légalisation des signatures apposées au bas d'un acte.

15. Exposez les conditions nécessaires pour qu'une convention soit valable, et donnez des exemples à l'appui de vos indications.

16. Un de vos parents qui habite la campagne vous a prié de lui apporter, en venant le voir, une feuille de papier timbré. Écrivez-lui, et tout en lui disant que vous ne cherchez pas à connaître l'usage spécial qu'il en veut faire, expliquez-lui les diverses sortes de timbre, afin qu'il vous dise quelle feuille il désire. Parlez-lui incidemment de l'enregistrement auquel les actes sont soumis.

CONTRAT DE VENTE

NEUVIÈME LEÇON.

NATURE ET FORME DE LA VENTE.

[1582]. — 57. La **vente** est une convention par laquelle deux personnes s'obligent, l'une à *livrer* une chose, et l'autre à la *payer*.

Elle peut être faite par acte authentique ou sous seing privé.

[1583]. — 58. La vente est parfaite entre les parties, c'est-à-dire qu'elle est chose terminée, et que la propriété est acquise à l'acheteur, à l'égard du vendeur, dès qu'on est convenu de la chose et du prix ; il n'y a pas besoin d'attendre que la chose ait été livrée ni le prix payé. *C'est la convention qui fait la vente*, et non pas la livraison ni le paiement.

59. Quand la chose vendue est un immeuble, la vente doit être **transcrite au bureau des hypothèques** de la situation des immeubles (*loi du* 23 *mars* 1855).

60. C'est par la transcription que la vente devient publique, et la transmission parfaite vis-à-vis des *tiers*, des personnes autres que les deux parties.

61. La vente est **translative** de propriété, c'est-à-dire qu'elle fait passer le droit de propriété d'une personne à une autre. Cette transmission se nomme aussi *mutation*.

[1593]. — 62. Les **frais** d'**acte** et autres accessoires de la vente **sont à la charge de l'acheteur.**

DIXIÈME LEÇON.

QUI PEUT ACHETER OU VENDRE.

[1594]. — 63. Tous ceux à qui la loi ne l'interdit pas peuvent acheter ou vendre.

Les interdictions prononcées par la loi concernent :

Les mineurs;

Les interdits;

Les pourvus de conseils judiciaires;

Les femmes mariées non autorisées de leur mari;

Les maris pour les biens de leur femme quand elle refuse son consentement au projet de son mari;

Les époux mariés sous le régime dotal;

Les tuteurs et administrateurs;

Les magistrats et défenseurs pour les droits litigieux de leur ressort, c'est-à-dire pour les biens contestés et au sujet desquels ils peuvent être appelés à juger.

DES CHOSES QUI PEUVENT ÊTRE VENDUES.

[**1598**]. — 64. Tout ce qui est dans le commerce peut être vendu, lorsque des lois particulières n'en ont pas prohibé l'aliénation.

[**1600**]. — 65. On ne peut vendre la succession d'une personne vivante, même de son consentement.

DES OBLIGATIONS DU VENDEUR.

[**1602**]. — 66. Le vendeur est tenu d'expliquer clairement ce à quoi il s'oblige;

Tout *pacte* (ou contrat, convention ou marché) obscur ou ambigu, s'interprète contre le vendeur.

[**1603**]. — Il a deux obligations principales: celle de **délivrer** et celle de **garantir** la chose qu'il vend.

ONZIÈME LEÇON.

DE LA DÉLIVRANCE.

[**1604**]. — La **délivrance** est le transport de la chose vendue en la puissance et possession de l'acheteur.

[**1605**]. — L'obligation de délivrer les immeubles est remplie de la part du vendeur lorsqu'il a remis les clefs s'il s'agit d'un bâtiment, ou lorsqu'il a remis les titres de propriété.

[**1606**]. -- La délivrance des effets mobiliers s'opère :

Ou par la tradition réelle, quand le vendeur met l'objet aux mains de l'acheteur,

Ou par la remise des clefs des bâtiments qui les contiennent,

Ou même par le seul consentement des parties, si le transport ne peut s'en faire au moment de la vente, ou si l'acheteur les avait déjà en son pouvoir à un autre titre (par exemple à l'essai ou en gage).

[**1612**]. — Le vendeur n'est pas tenu de délivrer la chose si l'acheteur n'en paye pas le prix, à moins que l'acheteur n'ait obtenu du vendeur un délai pour le paiement.

[**1615**]. — L'obligation de délivrer la chose comprend ses **accessoires** et tout ce qui a été destiné à son usage perpétuel. Ainsi, en livrant un coffre, il faut en donner les clefs.

DE LA GARANTIE.

[**1625**]. — La **garantie** que le vendeur doit à l'acquéreur a deux objets : le premier est d'assurer à l'acquéreur la possession paisible de la chose vendue ; le second de le garantir contre les défauts cachés de cette chose ou les **vices rédhibitoires,** qui changeraient la valeur de la chose, et qui rendraient la vente nulle.

[**1627**]. — Les parties peuvent convenir que le vendeur ne sera soumis à aucune garantie : alors, une fois la vente faite, il n'y a plus à y revenir sous aucun prétexte.

DOUZIÈME LEÇON.

DES OBLIGATIONS DE L'ACHETEUR.

[**1650**]. — 67. La principale obligation de l'acheteur est de **payer** le **prix** au jour et au lieu réglés par la vente.

[1651]. — S'il n'y a rien eu de réglé à cet égard, lors de la vente, l'acheteur doit payer à l'endroit et dans le temps où doit se faire la délivrance.

[1652]. — L'acheteur doit l'intérêt du prix de la vente jusqu'au payément du capital, dans les trois cas suivants :

S'il en a été ainsi convenu lors de la vente ;

Si la chose vendue et livrée produit des fruits ou autres revenus ;

Si l'acheteur a été sommé de payer. Dans ce dernier cas, l'intérêt ne court que du jour de la sommation.

[1654]. — Si l'acheteur ne paye pas le prix, le vendeur peut demander la **résolution** ou annulation de la vente.

OBLIGATION COMMUNE AU VENDEUR ET A L'ACHETEUR.

68. Le vendeur et l'acquéreur doivent porter dans le contrat le **prix réel** de la vente tel qu'ils en sont convenus.

La **dissimulation** sur le prix de la vente est **interdite** par la **loi du 23 août 1871.**

CONSERVATION DES DROITS DU VENDEUR POUR LES IMMEUBLES.

[2103]. — 69. Le **privilège du vendeur**, c'est le droit qu'il a d'être payé le premier sur le prix de son immeuble quand celui-ci est revendu.

[1654]. — 70. **L'action résolutoire**, c'est le droit de demander que la vente soit résolue, c'est-à-dire annulée, en cas de non-payement.

[2108]. — 71. Ces droits du vendeur sont conservés par la transcription du contrat au bureau des hypothèques et par l'inscription du privilège.

72. Le conservateur est tenu de prendre d'office cette inscription.

73. Cette inscription doit être renouvelée au bout de dix ans par le vendeur.

Exercices oraux ou écrits.

57. Qu'est-ce que la vente? comment peut-elle être faite?
58. Quand la vente est-elle *parfaite* entre les parties?
59. Où doit-elle être transcrite?
60. Quel est l'effet de cette transcription pour la vente?
61. Que signifient ces mots, *que la vente est translative de propriété?*
62. Qui doit les frais d'actes?
63. Qui peut acheter ou vendre?
64. Qu'est-ce qui peut être vendu?
65. Peut-on vendre la succession d'une personne vivante?
66. Quelles sont les obligations du vendeur?
67. Quelles sont les obligations de l'acheteur?
68. Quelle obligation résulte pour le vendeur et l'acquéreur de la loi du 23 août 1871?
69. Qu'est-ce que le privilège du vendeur?
70. Qu'est-ce que l'action résolutoire?
71. Comment les droits du vendeur sont-ils conservés?
72. Qui est-ce qui prend l'inscription?
73. Combien dure-t-elle? — Qui doit la renouveler?

QUATRIÈME RÉCIT

LA VENTE D'UN CHAMP

I. — Conversation en famille.

En tisonnant, Charles Lacour dit à sa femme : « Louise, nous nous faisons vieux. Il serait temps, je crois, de songer à nous reposer!

— Tu crois! explique-moi ton idée : je t'écoute bien. Elle s'avança un peu sur sa chaise, les mains jointes sur son tablier et les pouces croisés.

— C'est cela! dit Lacour, je t'ai toujours bien consultée, tu m'as toujours bien écouté, nous nous sommes bien entendus : **voilà pourquoi nous avons prospéré.**

— Oui, poursuivit-il, après un moment de réflexion, nous avons travaillé jeunes, mais quoi! l'âge vient, et il arrive un jour où le bras le plus robuste faiblit.

— Nous avons soixante ans ; nos enfants sont bien établis dans le canton. Ils ne sont pas dans la commune, c'est vrai, mais les choses n'en vont pas plus mal. Autrefois, tu le sais, les familles restaient volontiers plusieurs dans la même exploitation ; deux, trois et quatre ménages vivaient bien sous le même toit, on était moins riche qu'aujourd'hui ; maintenant, quand les jeunes gens s'établissent, ils veulent être leurs maîtres sans attendre. Autres temps, autres mœurs : il faut savoir s'accommoder à son temps, et c'est ce que nous avons fait.

— Et nous avons assez bien réussi, dit madame Lacour : nos enfants ne s'aiment pas moins pour être à quelques lieues de distance. Ils viennent nous voir à la fête du pays tous ensemble, et les jours de marché, tantôt c'est l'un, tantôt c'est l'autre qui dételle ici sa carriole. Mais ensuite?

— Ensuite? Eh bien, reposons-nous, devenons rentiers.

— Rentiers ! pourrai-je encore avoir des poules?

— Oui, et tu feras bien. Ne changeons pas trop nos habitudes : **vieil arbre déplanté ne reprend pas racine.** Nous ne quitterons pas notre maison, moi je m'occuperai au jardin.

— Et combien aurons-nous de rentes ?

— Je calcule : nous arriverons à 1,800 livres par an. — Des livres ? tu parles comme au vieux temps ! — Eh ! le vieux temps avait du bon ! tout était moins cher qu'aujourd'hui. Qui dit *livres*, dit *francs;* mais une livre d'autrefois faisait bien autant de profit que 3 francs d'aujourd'hui : tout a bien renchéri. Il est vrai qu'on gagne davantage ; qui gagne plus, dépense plus : tout se balance. J'ai dit 1,800 francs, nous sommes logés, nous avons un jardin. Débite-moi cela, bonne ménagère. *Fais-moi le budget*, comme dit M. le maire à son secrétaire. »

Madame Lacour réfléchit et dit :

Pour la nourriture, 3 fr. par jour..........	1.095 fr.
Pour les vêtements........................	200
Pour les impôts et charges diverses.......	200
Pour les cadeaux aux enfants.............	100
Pour les cadeaux aux petits-enfants.......	100
Pour les pauvres..........................	100
Total 1,795 fr., il y a 5 fr. de boni!...	1.795 fr.

— C'est mon tabac, dit Lacour, tu sais, je fume tous les dimanches ! Et le budget fut trouvé bon...

Pour mieux arriver aux 1,800 francs, on fit des biens deux parts : le bien qui venait de famille, on le garda, seulement on fit plusieurs petits lots qu'on loua ; car autant que possible on ne *vend pas le bien de patrimoine*, c'est-à-dire les champs ou maisons que nous ont transmis les aïeux. Quant aux terres acquises sur les économies du ménage, on résolut de les revendre ; on savait qu'on en tirerait un bon prix, dont on achèterait de la **rente sur l'État.** C'est un très bon placement.

La rente, c'est la dette de l'État, et l'**État c'est tout le monde.** Il n'y a rien de plus solide. On prend un titre *nominatif*, c'est-à-dire sur lequel on fait inscrire son nom ; et comme il est inscrit aussi sur le **Grand-Livre de la Dette publique**, la rente ne peut plus se perdre. On touche tous les trimestres chez le percepteur sans impôt ni difficulté.

II. — Marché et contrat de vente.

Antoine Lamy, revenant des champs avec Lacour, lui dit : « Voilà que tu te retires, tes biens sont à peu près tous loués, vends-moi donc ton champ des Murs-Blancs. — Ça se peut, dit Lacour. Combien m'en donnes-tu? — Douze cents francs. — Ah! bien oui! tu n'y es pas. » Et l'on batailla savamment. En fin de compte, on tomba d'accord à 1,600 francs.

— Vends-moi ton champ des Murs-Blancs.

Ceci, c'était le **marché**, la **convention** (1), la **vraie vente.** Entre gens d'honneur, **parole dite vaut chose écrite.** Il ne faut jamais se dédire.

Mais pourtant ce n'est pas tout : le sol est chose précieuse, enfants! C'est un morceau de ce pays qui nous a vu naître, de ce pays que jadis nos ancêtres ont conquis, puis conservé contre l'ennemi et amélioré par leur labeur; de ce pays que nous devons, même au prix de notre vie, conserver à nos descen-

(1) Question 57.

dants. Cette terre doit être sacrée pour nous. Aussi la loi très sage a voulu que tous les marchés emportant **mutation**, c'est-à-dire passage du sol d'une main dans une autre main, d'une personne à une autre personne, fussent couchés par **écrit**. Dans ce cas l'écrit s'appelle **contrat de vente** (1); qu'il soit fait **sous seing privé** (2) ou par-devant **notaire**, il est également bon, mais plus ou moins bien fait.

Ici nos amis résolurent de s'en remettre au notaire (3); il les aidait souvent de ses conseils; il aimait beaucoup expliquer ses actes : grâce à quoi ses clients ne s'imaginaient pas être *écorchés*, comme ils se le figurent quelquefois.

Ils entrèrent à l'étude, elle était indiquée par deux écussons dorés dont la signification est celle-ci : **la loi publique protège ce lieu**, et les conventions qui s'y passent deviennent la loi des parties. Après les salutations ordinaires et quand on lui eut indiqué en termes généraux de quoi il s'agissait, le notaire prit un cahier devant lui et dit : « M. Lacour, dites-moi vos prénoms. — Charles. — Vous n'en avez pas d'autres? — Si, Eugène... Charles-Eugène Lacour. — C'est bien, il les faut tous. » Et il commença à écrire : « Et votre femme s'appelle ? — Louise Dupont, elle n'a qu'un prénom. — C'est bien. Quant à votre profession et votre domicile, je les connais. » Il continua d'écrire. — « Votre femme est bien cons[illegible]tante et elle viendra signer ? — Oui, monsieur, [illegible]t convenu avec elle. »

Le notaire demanda ensuite à l'acquéreur ses

(1) Questions 42 et 57.
(2) Question 50.
(3) Question 15.

nom, prénoms, profession et domicile qu'il écrivit.

M. Lamy dit alors au notaire : « Monsieur, pourriez-vous m'expliquer pourquoi vous demandez à mon voisin le nom de sa femme et si elle consent? » Et M. Lacour ajouta : « Eh! oui, et vous ne lui demandez pas seulement s'il est marié, à lui. — Écoutez bien, dit l'homme de loi :

Le notaire demanda à l'acquéreur ses nom, prénoms, domicile et profession.

Vous, Lacour, vous êtes le **vendeur**, vous vendez une chose qui est à vous, ou à votre femme ou à vous deux; dans le premier cas comme dans le troisième, c'est-à-dire s'il s'agit d'un bien à vous propre ou d'un bien commun, vous pourriez à la rigueur vendre seul; mais la femme a, de par la loi, une garantie, une **hypothèque** (1) sur tous les immeubles de son mari : pour se délivrer de cette charge lé-

(1) Question 125.

gale, pour la *purger*, comme on dit en droit, l'acquéreur serait obligé de faire les frais très lourds d'une série de formalités qu'on nomme **purge des hypothèques légales**. Dans le deuxième cas, c'est-à-dire si le bien est à votre femme, vous ne pouvez pas vendre sans elle (1). Dans ce dernier cas, donc, le consentement de la femme est nécessaire. Dans les deux autres cas il est utile.

Vous, Lamy, vous êtes l'**acquéreur**. Si vous êtes garçon, vous achetez pour vous seul. Si vous êtes marié, vous achetez comme chef de votre communauté. L'acquisition profite à vous et à votre femme sans qu'elle ait besoin de paraître, à moins pourtant que vous ne soyez mariés autrement qu'en communauté? — Ah! pour cela nous sommes bien *communs* : notre contrat de mariage le dit. — Très bien, alors je vous ferai sur-le-champ une question que j'aurais eu à vous faire tout à l'heure : Avec l'argent de qui paierez-vous? — Mais, avec nos économies, donc! — Parfaitement, vous achetez pour le ménage, l'objet acquis sera un **acquêt** ou **conquêt de communauté** (2), une chose **acquise, conquise** par vous deux au prix de vos travaux communs.

— Pourtant, dit M. Lacour, moi qui suis vieux, j'ai vu quelquefois demander au contrat la femme de l'acquéreur. Pourquoi cela? — Voici, dit le notaire. Quand on vend un objet considérable et pour le prix duquel on donne un long délai, on appelle à signer au contrat la femme de l'acquéreur, afin qu'elle se trouve *obligée* avec son mari au payement; elle est alors une vraie **caution de son**

(1) Voyez neuvième leçon, page 42.
(2) Voyez vingtième leçon, page 81.

mari. Si l'acquisition était onéreuse au lieu d'être profitable, et que la femme n'eût pas signé, alors, au décès du mari, elle pourrait s'en affranchir en renonçant à la communauté (1); **ainsi le veut la loi**; la femme commune partage les profits quand même; elle ne partage la perte que si elle l'a voulu.

III. — Contrat de vente.

Le notaire continua ainsi : — Monsieur Lacour, votre champ est-il *borné?*

— Oui, Monsieur, de tous les côtés, et de plus je dois dire que la haie à gauche est *mitoyenne;* c'est marqué sur mon titre. Du reste, tenez, j'ai apporté un papier concernant les *bornes*.

— Ah! c'est parfait, dit le notaire en ouvrant la feuille. Voilà un *procès-verbal* de **bornage**, d'**abornement**, comme on dit aussi, dressé à l'*amiable* par l'arpenteur, sur timbre, et signé par vous et par les voisins ou *riverains*.

Voyez-vous, mes amis, la borne a été de tous temps une chose tellement respectable, en raison de son utilité, que les anciens en avaient fait une chose sacrée sous le nom de *Terme*.

Quand un champ est borné, un voisin peu scrupuleux ne peut plus prendre votre terre. On fait bien de borner à l'amiable avec ses voisins quand ils sont raisonnables; s'ils ne veulent pas, on s'adresse au **juge de paix** qui règle l'affaire, car **nul ne peut refuser de borner**.

C'est comme pour la **mitoyenneté**, cette *servitude* qui fait que chaque voisin est propriétaire

(1) Question 129.

d'une chose par moitié, il faut avoir bien soin de toujours la constater par écrit, autrement c'est une autre source de petits procès.

Un *mur* indique lui-même qu'il est *mitoyen*, quand son *chapeau* tombe des deux côtés, ou quand les deux riverains ont appuyé dessus des constructions. Un *fossé* indique qu'il n'est pas mitoyen quand le rejet de sa terre est déposé d'un seul côté sur le sol de celui qui l'a creusé. Pour une *haie* c'est plus difficile, car les grosses et vieilles tiges du milieu, qu'on appelle *pied-cormier*, peuvent disparaître. Bornez toujours, cela vaut mieux.

Je transcrirai votre plan dans mon acte, en petit, avec les chiffres des *longueurs* et *largeurs* qu'on nomme *cotes*. Cela ne coûtera rien de plus ; tenez, voici ce que je mettrai :

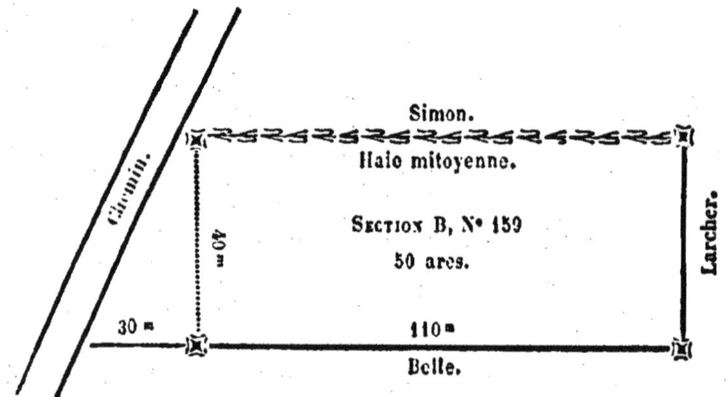

Avec ce petit **plan coté** inséré dans le contrat, la tranquillité est assurée à tout jamais, car le contrat est enraciné dans le sol ; qu'une borne soit enlevée, les chiffres sont là pour permettre de la rétablir.

Ayant fini de prendre ses notes, le notaire les remit ensuite à son clerc qui fit le contrat sur papier timbré.

Voulez-vous, mes enfants, comprendre très vite ce que c'est qu'un contrat de vente? il vous suffira d'en voir un (1).

Vous pouvez voir qu'en tête de chaque paragraphe, il y a un titre; cela met de la clarté dans le contrat : tous les notaires soigneux font ainsi leurs actes. Suivons les paragraphes un à un.

En tête, nous voyons ce mot **Par-devant**, puis le nom du notaire, puis **ont comparu**, et après les noms des parties. — Cela est clair : les **Parties**, c'est-à-dire les personnes qui ont une *part active* dans ce qui va être fait par contrat, sont devant le notaire. Elles vont lui dire des choses qu'il écrira; il leur lira cette écriture, les fera signer à la suite; les personnes alors seront *liées*, elles auront **contracté**, c'est-à-dire lié leurs volontés comme par un nœud. C'est en cela que consistent le contrat et l'acte (2).

Ensuite vient la **Désignation**, qui dit la nature et la situation de l'objet (3), de l'immeuble (4) vendu; l'**Établissement de propriété** qui raconte comment le possède celui qui vend; la **Propriété antérieure** qui montre dans quelles mains il était auparavant.

Sous le titre **Entrée en jouissance** (5), les contractants, les parties qui font le contrat, fixent le jour à partir duquel l'acquéreur sera entièrement maître de l'objet par la **possession** et **jouis-**

(1) Questions 42 et 53.
(2) Questions 42 et 1.
(3) Question 53.
(4) Question 37.
(5) La jouissance d'une chose consiste à pouvoir disposer des fruits et revenus de cette chose.

sance. La jouissance peut commencer du jour même de la vente, elle peut aussi être différée. *Exemple :* je vous vends mon champ, vous en serez propriétaire du jour de la vente. Demain vous pouvez, s'il vous plaît, le revendre à un autre ; le droit de propriété (sauf des cas très rares et spéciaux) ne se suspend pas, n'est pas différé. Mais j'ai du blé dans ce champ, je veux le récolter, je vous donne la jouissance pour six mois ou un an plus tard, si je le veux.

Après le titre **Charges et conditions** on met tout ce à quoi on oblige l'acquéreur : quelle servitude (1) il supportera, en quel état il prendra le bien, quand il en paiera les impôts, s'il paiera les frais du contrat. Quand le contrat n'en dit rien, il les doit (2).

Ensuite vient le **Prix** (3), ou la fixation de l'équivalent en argent de la chose vendue. La vente est une balance; dans un plateau le vendeur met son champ ou sa maison, dans l'autre l'acquéreur met autant d'argent qu'il en faut pour l'équilibrer au gré du vendeur.

Après le titre du prix, nous en trouvons deux autres qui portent ces mots : **Transcription** et **État civil**. Nous raconterons ce que cela signifie dans un récit spécial à la page 58.

Ensuite nous lisons : **Remise de titres**. Qu'est-ce que c'est que le titre? C'est l'acte, le contrat, le papier régulier enfin qui établit comment un immeuble vous appartient. M. Lacour a vendu son

(1) Question 41.
(2) Question 62.
(3) Question 67.

champ à M. Lamy, le contrat que nous avons vu servira de *titre* à M. Lamy. Le contrat par lequel M. Lacour avait acheté était son titre; il le remet au nouveau propriétaire avec les titres plus anciens qu'on lui avait livrés à lui-même.

On lit plus loin: **domicile**. Si le vendeur et l'acquéreur, après avoir traité du champ, quittent le pays, s'en vont au loin, où iront-ils se chercher mutuellement s'ils ont à se faire des réclamations? Afin de parer à cette difficulté, ils élisent et choisissent un domicile, habituellement dans l'étude du notaire. Là pourront être signifiées les demandes et réclamations; c'est le domicile **élu** défini à la page 21.

Il ne restait plus qu'à clore, et l'on a mis **Dont acte** (1), ce qui signifie : de ces choses acte est bien passé, fini, achevé.

On met ensuite la **date**, on lit aux parties la loi qui défend de dissimuler en diminuant le prix sous prétexte d'économiser les frais (2). Il faut rendre, non pas à César, mais à l'État ce qui est à l'État; l'**État**, c'est **tout le monde**; le tromper c'est nous tromper tous.

Et l'on signe de bon cœur, parce qu'on a contracté librement.

IV. — Les frais du contrat de vente.

État des frais d'un contrat de vente dont le prix est de 200 fr. ou de 1,000 fr, ou de 10,000 fr.

(1) Question 1.
(2) Question 68.

Supposons pour les deux premiers cas que le contrat tiendra sur une seule feuille de timbre.

Supposons aussi que pour le premier on ne lève pas d'état d'inscription.

	FRAIS POUR UN PRIX DE		
	200f	1.000f	10.000f
Timbre de la minute..............	» 60	» 60	1 20
Enregistrement 6 fr. 875 % décime et demi compris................	13 75	68 75	687 50
Honoraires du notaire 1 %.........	2 »	10 »	100 »
Timbre de l'expédition...........	1 80	1 80	3 60
Rôles............................	3 »	3 »	6 »
Transcription....................	7 75	8 25	11 25
État.............................	» »	1 60	1 60
Port de pièces..................	» 50	» 50	» 50
Totaux......	29 40	94 50	811 65

Remarquez ceci : pour une vente de 200 fr., les frais reviennent à 14 fr. 70 p. 100 du prix de la vente ; ce qui est bien cher.

Pour une vente de 100 fr. il n'y aurait de changé que les frais d'enregistrement qui descendraient à 6 fr. 87, de sorte que les frais seraient de 22 fr. 53; c'est tout à fait énorme.

Pour une vente de 1.000 fr., les frais sont de... 9 45 %
Pour une vente de 10.000 fr., ils sont de......... 8 11 %

Le législateur français a fait de son mieux pour faciliter la transmission des biens d'une tête à l'autre; il y a réussi admirablement, sauf en ce point : en effet, on n'a pas encore trouvé le moyen de rendre les frais absolument proportionnels : les petits paient plus que les gros. Vous voyez par là que les lois, même établies avec le plus de soin, ne sont pas toujours parfaites ; dans ce cas, les citoyens demandent qu'on les réforme, et ils ont raison. Mais une réforme n'est pas facile d'ordinaire : il y faut de la patience, de l'étude et beaucoup de science.

Dans la note ci-dessus, on a pris les rôles au tarif des notaires de canton, 1 fr. 50 le rôle. Au chef-lieu d'arrondissement, le rôle est de 2 fr. Dans les chefs-lieux de cour d'appel, 3 fr. ; à Paris, 4 fr.

DEVOIRS DE RÉDACTION.

17. Dites ce que c'est que la vente, quelles formalités l'on doit remplir pour qu'elle soit valable, quelles sont les personnes auxquelles la loi a interdit d'acheter ou de vendre. Citez des exemples.

18. Montrez à quelles obligations personnelles ou communes sont soumis le vendeur et l'acheteur ; parlez notamment de la délivrance et de la garantie du payement, tant en capital qu'intérêts, de l'effet qu'entraîne le non-payement, etc.

19. Votre père a acheté un champ à l'un de vos cousins. Il remet entre vos mains le titre de votre cousin et vous prie de donner par écrit à son notaire toutes les indications nécessaires pour préparer le contrat, cela lui évitera une course. Écrivez au notaire.

20. Votre oncle a acheté un pré 1,000 fr. qu'il va payer en passant l'acte. Il est venu vous demander s'il devait emmener sa femme chez le notaire et si son vendeur était tenu d'en faire autant. Vous lui avez posé les questions propres à vous éclairer. Écrivez-lui et indiquez-lui ce qu'il doit faire.

21. Expliquez par écrit à votre cousin qui vous consulte ce qu'il doit emporter d'argent pour payer chez son notaire un contrat par lequel il a acheté une terre pour le prix de 3,000 fr.

QUITTANCE

TREIZIÈME LEÇON.

74. La **quittance** est une parole ou un écrit que le *créancier* donne à son *débiteur* au moment où celui-ci le paye pour déclarer et reconnaître que le payement a été fait.

[**1341**]. — Le **payement** peut être prouvé par témoins quand la somme ne dépasse pas cent cinquante francs. Dans ce cas, il suffit de deux témoins déclarant que le créancier a été payé par le débiteur, en leur présence. Au delà de cent cinquante francs la quittance doit être donnée par écrit.

75. Elle peut être donnée par **acte authentique** ou sous seing privé.

[**2158**]. — 76. Toutefois, quand pour la sûreté d'une obligation ou d'un prix de vente on a pris une **inscription** au *bureau des hypothèques*, cette inscription ne peut être rayée qu'en vertu d'un acte authentique déclarant qu'il est donné quittance ou *mainlevée;* de plus, il faut qu'il soit gardé une *minute* de cet acte et qu'une *expédition* en soit déposée au bureau.

77. La quittance se nomme aussi **acquit** ou **reçu.**

78. Le mot **quittance** s'applique plus spécialement à l'écrit constatant le payement d'un prix de vente, d'un retour d'échange ou de partage, d'un principal d'obligation, des intérêts de ces diverses sommes, des loyers et fermages. L'acte passé devant notaire pour établir le payement s'appelle toujours *quittance.*

Le mot **acquit** sert à indiquer le payement d'une note de travail ou de fourniture, d'une facture de commerçant.

Le mot **reçu** est employé dans tous les autres cas.

[**1248**]. — 79. Les frais du payement sont à la charge du débiteur.

80. **Tous les écrits sous seings privés** contenant *quittance, décharge, reçu* ou *acquit* d'une somme supérieure à dix francs, sont assujettis au **timbre** de dix centimes.

81. Ce timbre (quand le papier n'a pas été timbré à l'avance par l'administration de l'enregistrement) consiste dans une vignette qui se colle comme un timbre-poste ; sa place est au bas de l'écrit ; il doit être daté et signé par le recevant, de manière à l'**oblitérer**, c'est-à-dire à le couvrir d'écriture, pour qu'il ne puisse servir une seconde fois (*loi du* 23 *août* 1871).

82. La quittance sous seing privé, pour être claire, doit contenir :

1° Le nom du payant ; celui du recevant s'il ne signe pas lisiblement ;

2° La somme reçue ;

3° Le motif du payement ;

4° L'échéance, quand il s'agit d'une somme payable à terme fixe ;

5° La date et la signature.

Exercices oraux ou écrits.

74. Qu'est-ce que la quittance? — Comment le payement peut-il être prouvé?

75. Comment la quittance peut-elle être faite?

76. Quand il y a une inscription à faire rayer, comment doit être faite la quittance?

77. Quel nom donne-t-on encore à la quittance?

78. Expliquez le sens spécial des mots : *quittance, acquit, reçu.*

79. A la charge de qui sont les frais du payement?

80. A quel timbre sont assujettis les écrits sous seings privés contenant quittance?

81. Que doit-on mettre sur le timbre?

82. Que doit contenir la quittance sous seing privé pour être claire?

ÉCHANGE

QUATORZIÈME LEÇON.

[**1702**]. — 83. **L'échange** est un contrat par lequel les parties se donnent respectivement une chose pour une autre. On nomme **coéchangistes** ceux qui font un échange.

[**1703-1707**]. — **L'échange** s'opère par le seul consentement, de la même manière que la vente ; c'est-à-dire que dès le moment où les parties ont librement consenti à l'échange, il est conclu, avant même que les objets à échanger aient été transportés d'une partie à l'autre. En général, les règles de la vente s'appliquent à l'échange.

84. On appelle **soulte** ou **retour** la somme que l'un des coéchangistes paye à l'autre quand les objets échangés sont de valeur **inégale.**

85. L'échange est sujet à la transcription au bureau des hypothèques de la même manière que la vente ; il est, comme la vente, un acte **translatif** de propriété (*loi du* 23 *mars* 1855).

Le droit de privilège pour le payement de la soulte est conservé comme celui du vendeur pour le payement du prix.

La dissimulation dans le montant des soultes ou retours d'échange est interdite par la *loi du* 23 *août* 1871.

Exercices oraux ou écrits.

83. Qu'est-ce que l'échange ?
84. Qu'appelez-vous soulte ou retour ?
85. L'échange est-il sujet à transcription ?

DEVOIRS DE RÉDACTION.

22. Dites ce que c'est qu'une quittance. Dans quel cas elle nécessite un acte notarié. Ce qu'elle doit contenir pour être claire. Distinguez la quittance de l'acquit et du reçu.

23. Vos père et mère ont vendu à l'un de vos oncles, le 1er octobre dernier, une maison et ses dépendances moyennant 6,500 fr. de prix principal payables six mois après, avec intérêts à 5 % l'an. Votre oncle a prévenu qu'il était prêt à verser ; écrivez au notaire en lui donnant tous les renseignements nécessaires pour qu'il prépare la quittance.

24. Vous aviez vendu un cheval à Jean Fouchet moyennant 1,175 fr. payables un tiers le 1er juillet, sans intérêts, et le surplus le 1er janvier suivant, avec intérêts à 5 %.

Faites le premier reçu, puis le second reçu.

25. Vous avez prêté 3,000 fr. par obligation, à intérêts de 5 %, payables tous les six mois, janvier et juillet.

Faites : 1° le reçu du semestre d'intérêts de janvier ; 2° le reçu du principal et des intérêts au 1er janvier suivant. Il n'avait été rien payé en juillet.

OBLIGATION OU ACTE DE PRÊT

QUINZIÈME LEÇON.

[1874]. — 86. On appelle ainsi l'acte par lequel une personne reconnaît devoir à une autre une somme, qu'elle s'oblige à lui rendre.

87. La personne qui a fourni la somme s'appelle le **prêteur**, le **créancier**.

La somme prêtée par le créancier est pour lui une **créance**, un **placement**.

88. La personne qui a emprunté est le **débiteur**.

La somme empruntée est pour le débiteur, l'emprunteur, une **dette**.

89. La somme prêtée s'appelle, pour le créancier comme pour le débiteur, **principal**, **capital**.

[1905]. — 90. La somme que le débiteur doit payer au créancier pour la jouissance du capital prêté se nomme **intérêt**, **rente**, **revenu**.

L'intérêt se paye d'ordinaire chaque année : il peut aussi se payer par semestre, ou par trimestre, à la volonté des parties.

[1907]. — 91. La somme prêtée ne produit des intérêts que quand cela est stipulé expressément par écrit.

92. Les **intérêts** ne peuvent excéder **cinq pour cent** par an en **matière civile** (*loi du 3 septembre* 1807).

En **matière commerciale**, ils sont fixés **au gré** des parties. On dit qu'il y a matière commerciale, quand les deux parties sont dans le commerce ou que l'une d'entre elles au moins l'exerce, et quand en outre l'opération dont il s'agit intéresse leur commerce. Il y a matière civile en tout autre cas.

Ainsi un marchand qui achète un fonds de commerce agit en matière commerciale; mais quand il loue un logement, il agit en matière civile.

93. En chiffres, le taux des intérêts s'écrit ainsi : 5 % — 6 %. (Cinq pour cent, six pour cent).

[**1185-1186-1187**].—94. Quand un **délai** est convenu pour le remboursement, l'obligation est dite **à terme.**

Le débiteur peut toujours rendre la somme avant le terme, si cela ne lui a pas été interdit dans l'acte.

[**1197**].—95. Si deux ou plusieurs personnes ont contracté une obligation **solidairement** ou avec solidarité entre elles, le prêteur peut réclamer le total de la dette, aussi bien à tous les débiteurs pris ensemble qu'à chacun d'eux pour le tout. De sorte que chacun des débiteurs est obligé de payer soit sa part de la dette si tous en font autant, soit une part plus forte ou même la totalité, si un ou plusieurs des débiteurs font défaut.

L'HYPOTHÈQUE

SEIZIÈME LEÇON.

96. Quand le débiteur désigne et **affecte des immeubles** pour la garantie et la sûreté du prêt, l'obligation est dite hypothécaire ou avec **hypothèque.**

L'hypothèque, dans ce cas, est **conventionnelle** (résultant de conventions).

[**2114**].—97. L'**hypothèque** est un **droit réel** sur les immeubles affectés à l'acquittement d'une obligation. Si l'obligation n'est pas acquittée, si la dette n'est pas payée, les immeubles affectés à l'hypothèque doivent servir à payer le créancier.

L'hypothèque est, de sa nature, *indivisible*, et subsiste en entier sur tous les immeubles affectés, sur chacun et sur chaque portion. En d'autres termes, chaque immeuble hypothéqué et chaque partie des immeubles hypothéqués, supporte l'hypothèque tout entière.

L'hypothèque suit les biens hypothéqués, dans quelques mains qu'ils passent : *l'héritier de l'acheteur d'un bien hypothéqué devient donc soumis à l'hypothèque*, sans cela le débiteur n'aurait qu'à vendre les biens hypothéqués pour faire disparaître la garantie à laquelle s'est fié son créancier. Il en serait de même dans le cas où le débiteur viendrait à mourir.

Si une obligation est souscrite par deux époux, la femme transporte au créancier ses droits matrimoniaux et le subroge dans son **hypothèque légale.** En effet, la femme a, de par la loi, une hypothèque sur les biens de son mari, cette hypothèque garantit ses biens pour le cas où le mari les administrerait mal. En souscrivant l'obligation avec son mari, elle peut abandonner son hypothèque légale au profit de leur créancier commun.

98. Les hypothèques sont **inscrites,** c'est-à-dire **conservées** par écrit dans un bureau public au chef-lieu de chaque arrondissement, et qui s'appelle **bureau des hypothèques.**

Le fonctionnaire qui le dirige se nomme **conservateur des hypothèques.**

[2148]. — 99. Le créancier, pour inscrire son hypothèque, remet au conservateur son titre, c'est-à-dire son obligation, avec deux bordereaux pareils dont le contenu est copié sur le volume ou registre des inscriptions ; un des bordereaux reste au bureau, l'autre est rendu au créancier avec une mention signée du conservateur.

[2147]. — 100. **L'inscription** a son rang du jour où elle est prise ; le rang d'inscription est fort important, puisque le bien hypothéqué doit servir d'abord à payer au besoin le créancier qui a la première hypothèque.

Les autres viennent après, et par ordre, s'il reste quelque chose pour eux.

[2154]. — 101. L'inscription dure **dix ans**; elle peut être renouvelée, à condition que ce soit avant l'expiration de ce délai.

[2127]. — 102. Tous les actes emportant **hypothèque conventionnelle** doivent être passés devant notaire.

103. On peut toujours savoir si une personne a sa propriété grevée ou nette d'inscription; il suffit d'en faire la demande au conservateur des hypothèques de l'arrondissement où sont situés les immeubles.

104. Le certificat que le conservateur délivre, quand il n'y a pas d'inscription contre la personne désignée dans la demande, s'appelle **certificat négatif**.

105. Quand il y a une ou plusieurs inscriptions, le conservateur en donne la copie dans son certificat qui s'appelle alors **état d'inscription**.

106. La copie de l'obligation délivrée par le notaire pour servir de titre au créancier se nomme **grosse**.

107. Elle porte au commencement et à la fin la formule exécutoire, en vertu de laquelle le recouvrement de la créance peut être opéré même en *exécutant* au besoin le débiteur, en *faisant vendre* ses biens.

108. On délivre aussi des grosses pour les ventes, baux et autres actes contenant obligation de payer une somme liquide et certaine.

Nota. La **grosse**, *de même que les expéditions, est écrite en grosse écriture de vingt-cinq lignes à la page et environ quinze syllabes à la ligne.*

DEVOIRS DE RÉDACTION.

26. Vous avez une maison avec trois locataires payant d'avance, suivant l'usage de Paris, aux termes de janvier, avril, juillet, octobre. Le loyer annuel est de 350 fr. pour l'un, de 250 fr. pour l'autre, de 480 fr. pour le troisième.

Faites leurs reçus du terme dernier.

27. Vous avez affermé un champ 100 fr. par an payables en deux termes à Noël et à la Saint-Jean. Faites le reçu de Noël dernier.

MAINLEVÉE D'HYPOTHÈQUE

DIX-SEPTIÈME LEÇON.

109. La **mainlevée d'hypothèque** est l'acte par lequel un créancier consent la nullité et radiation d'une inscription. L'hypothèque se trouve supprimée, *levée*, par ce fait.

110. Elle doit être notariée, et elle peut être faite dans un acte exprès ou dans une quittance.

[**2158**]. — Les inscriptions d'hypothèque ne peuvent être **rayées** qu'après avoir déposé entre les mains du conservateur l'expédition d'un acte authentique ou d'un jugement ordonnant cette radiation.

111. La **radiation** est faite et le **certificat** de radiation délivré par le conservateur des hypothèques.

Exercices oraux ou écrits.

86. Qu'appelez-vous obligation ou acte de prêt?
87. Qu'appelez-vous prêteur? créancier? créance? placement?
88. Qu'appelez-vous débiteur? dette?
89. Qu'appelez-vous capital ou principal?
90. Qu'appelez-vous intérêt, revenu ou rente?
91. Quand la somme prêtée produit-elle des intérêts?
92. Quel est le taux des intérêts?
93. Comment l'écrivez-vous en chiffres?
94. Quand l'obligation est-elle dite à terme?
95. Qu'arrive-t-il quand il y a dans l'obligation ces mots : *solidairement* ou *avec solidarité?*
96. Quand dites-vous que l'obligation est hypothécaire?
97. Qu'est-ce que l'hypothèque?
98. Où et comment sont conservées les hypothèques?
99. Que fait le créancier pour inscrire son hypothèque?
100. De quel jour l'inscription a-t-elle son rang?
101. Combien dure-t-elle? Peut-elle être renouvelée?
102. Comment doivent être passés les actes emportant hypothèque?
103. Comment peut-on savoir si une personne a ou n'a pas d'inscription sur ses biens? — (Voyez la formule, page 23 de l'*A*, *B*, *C du Droit usuel*.)
104. Qu'est-ce que le certificat négatif? (Voyez la formule page 24 de l'*A*, *B*, *C du Droit usuel*.)
105. Qu'est-ce que l'état d'inscription?
106. Comment s'appelle la copie de l'obligation pour le créancier?
107. Que porte-t-elle au commencement et à la fin?
108. Délivre-t-on des grosses seulement pour les obligations?

MAINLEVÉE.

109. Qu'est-ce que la mainlevée d'hypothèque?
110. Doit-elle être notariée?
111. Qui est-ce qui raye l'inscription?

DEVOIRS DE RÉDACTION.

28. Dites par lettre, à l'un de vos amis, ce qu'on entend par obligation ou acte de prêt. Expliquez les termes usités dans un acte de ce genre : prêteur, créance, débiteur, principal, intérêts, obligation solidaire, etc.

29. Un de vos camarades a entendu parler d'hypothèque et n'a pu se rendre compte de la signification de ce mot. Faites-lui comprendre par lettre, en vous appuyant sur des exemples, les diverses hypothèques, ainsi que les formalités auxquelles leur inscription donne lieu.

CINQUIÈME RÉCIT

OBLIGATION. — EMPRUNT.

I. — Un vigneron gêné.

Jean Malron était un vigneron, honnête homme et dur à la peine; mais il avait acheté fort cher sa vigne et s'était saigné aux quatre veines pour la payer. Il avait perdu deux vaches; peu après, sa maison avait brûlé : il n'était pas plus **assuré** contre l'incendie que contre l'épizootie, l'imprudent! Quand la maison fut rebâtie, Malron devait de tous les côtés : au marchand d'échalas, au tonnelier, au marchand de bestiaux, au couvreur, au charpentier, au maréchal, au meunier, à l'épicier, à d'autres encore.

Et tous ces gens avaient besoin de leur argent! Un fournisseur, un ouvrier, peuvent vous faire crédit six mois, un an, peut-être, en se gênant beaucoup; mais en définitive on ne vit pas de l'air du temps; **pour vivre quand on travaille, il faut être payé.**

M. Malron le comprenait bien, sa femme aussi; ils résolurent de faire le compte de leurs dettes. Comme ils ne savaient pas écrire, ils prirent chacun leur couteau et un échalas; Jean appelait les noms et les sommes, à dix francs sa femme faisait une entaille; quand elle en avait dix, Jean en faisait une de son côté, et ainsi de suite. Quand le mari arriva à dix entailles, combien cela faisait-il, s'il vous plaît?

Allons, vous auriez fait le calcul bien plus vite! Jean fut obligé de marquer 28 fois son échalas à lui. — Voyez combien cela faisait?

Il dit à sa femme : « Empruntons à terme, **qui a terme ne doit rien... qu'au terme.** »

Il porta chez le notaire ses titres de propriété, c'est-à-dire d'abord le partage par lequel sa femme avait eu la maison, et puis le contrat d'acquisition de sa vigne. Le notaire consentit à lui faire prêter par un client la somme ronde de 3,000 fr. pour trois ans, avec intérêts à 5 p. 100 l'an.

On fit un **acte d'obligation** (1).

Les époux Malron, emprunteurs (2), affectèrent leur maison et leur vigne à la garantie du remboursement; ils les donnèrent comme gage au prêteur.

C'est-à-dire qu'après le terme, le prêteur pouvait les faire vendre pour se faire payer. Ce que faisait là Jean Malron s'appelle *Hypothéquer*, donner une Hypothèque (3).

La femme signa l'acte, d'abord parce que la maison venait de son côté, puis pour donner au

(1) Question 86.
(2) Questions 87 et 88.
(3) Questions 96 et 97.

créancier l'hypothèque légale qu'elle avait contre son mari (1).

Le notaire fit enregistrer l'acte (2), délivra pour le créancier une copie qui s'appelle **grosse** (3), elle est écrite en effet bien plus en gros; il fit un **bordereau** (4) et prit l'**inscription** au **bureau** des **hypothèques** de l'arrondissement

Ces formalités durent à peu près un mois. Aussi Jean Malron n'emporta pas son argent de suite.

Mais enfin il l'eut; il paya ses créanciers anciens. Comme le disait madame Malron, « **il avait découvert saint Pierre pour couvrir saint Paul.** »

II. — Frais. — Gêne nouvelle. — Libération.

Quand Malron avait dû toucher l'argent de son emprunt, le notaire l'avait prié de passer à son étude, et là il lui avait fait le compte suivant :

— On vous a prêté 3,000 francs, vous avez jusqu'au terme du remboursement, trois années; payez régulièrement l'intérêt, tous les ans 150 francs. « *Qui paye bien la rente est sûr du délai.* »

Vous devez les frais de l'obligation qui se composent de 95 fr. 10 cent., dont voici le détail :

	fr.	c.
Timbre de la minute : une feuille	1	20
Enregistrement { *un pour cent : 30 fr.* / *deux décimes 1/2 : 7 fr. 50* }	37	50
Honoraires : un pour cent	30	»
A reporter	68	70

(1) Question 185 et récit page 48.
(2) Question 54.
(3) Question 49.
(4) Question 93.

Report..................	68 70
Timbre de la grosse : deux feuilles à 1 fr. 80...........	3 60
Quatre rôles de la grosse à 1 fr. 50.....................	6 »
Timbre d'un bordereau, l'autre fait sur la grosse........	» 60
Rédaction des bordereaux............................	3 »
État d'hypothèque pour être sûr qu'il n'y a pas d'inscription..	1 00
Inscription payée aux hypothèques......................	10 00
Port des pièces..	1 »
Total.....	95 10
Je vous remets donc....................................	2.904 90
Ce qui fait les...	3.000 »

Ce notaire expliquait fort nettement les choses. Un an, deux ans, se passèrent, sans que Jean eût donné signe de vie. Trois ans après, Jean n'avait pas payé un sou d'intérêts !... Le notaire le manda et lui dit : « Je vous avais donné comme prêteur l'homme le plus patient, mais il est à bout... »

« Celui qui a prodigué ses sueurs dans un labeur manuel, et celui qui a fatigué son esprit et dépensé son intelligence, ont produit un travail. Or, toute peine mérite salaire. Le **salaire**, le **prix** du **travail**, on peut le dépenser sur-le-champ, quand on n'a travaillé que pour avoir le nécessaire, ou quand on est prodigue ; ou bien au contraire, on peut l'accumuler par l'épargne ; il forme alors un **capital** (1). Ce *capital*, le propriétaire, le *capitaliste*, le place (2), c'est-à-dire qu'il le prête à quelqu'un, à qui cela rend service. Pour payer ce service, l'emprunteur paie un intérêt au prêteur. Et voilà comment le capital rend au travailleur sur ses vieux jours et après lui à sa famille le **revenu** qui donne le bien-être. La **rente** (3) n'est pas autre

(1) Question 89.
(2) Question 87.
(3) Question 90.

chose que le **fruit** d'un **travail accumulé**. Celui qui a des rentes ne peut vivre qu'en les touchant.

« Il est donc juste que vous payiez le revenu de ce qui vous a été prêté. Allons! M. Malron, il faut vendre pour payer, vendez de **bon gré**, autrement le prêteur vous **poursuivra**, il remettra son obligation à **l'huissier**. Celui-ci vous fera d'abord un **commandement** de payer, puis **il saisira** votre mobilier; 24 heures après il le peut: 30 jours plus tard il saisira vos immeubles, tout sera affiché et **vendu** au nom de la **justice**. Les frais en pareil cas sont gros, et vous resterez sans un sou, ruiné. Être pauvre n'est rien. Être ruiné, c'est malheureux. Mais, et si vous faisiez perdre?... »

Jean tailla sa vigne.

Jean frissonna, tourna trois fois son chapeau dans ses doigts et répondit : « *J'aimerais mieux mourir que de faire perdre un sou! Demandez qu'on m'accorde jusqu'après la récolte : je serai sauvé, ou je vendrai.* » — On accorda.

Jean tailla sa vigne *en ruine*, comme disent les vignerons; c'est-à-dire qu'il la tailla longue, laissant place à beaucoup de bourgeons; il fuma beaucoup. L'année répondit, la vigne fit merveille; on voyait 20 raisins au cep. Dans ses 75 ares Malron fit 120 hectolitres de vin qui produisirent 4,000 francs. La vigne fut épuisée par cet effort, il fallut l'arracher; mais le vigneron paya ses dettes; il était libéré, sauvé. Le prêteur remboursé fit mainlevée de son inscription (1).

Jean Malron était un homme de grand courage. **A cœur vaillant, rien d'impossible.**

DEVOIRS DE RÉDACTION.

30. Votre frère aîné, voulant s'établir, a emprunté pour quatre ans une somme de 4,000 fr. à l'un de ses amis, Louis Bruneau. Comme garantie de cet emprunt, il offre une inscription hypothécaire sur une maison qu'il s'est fait construire avec ses économies depuis son mariage. Expliquez-lui comment sera dressé l'acte, pourquoi le concours de sa femme sera demandé, et quel transport et subrogation elle consentira.

31. Faites le bordereau des frais supportés par votre frère dans l'emprunt de 4,000 fr. qui précède.

32. Expliquez à votre frère quel acte il aura à faire dresser pour faire disparaître l'hypothèque de Louis Bruneau quand il le remboursera.

SIXIÈME RÉCIT

ENREGISTREMENT. — HYPOTHÈQUES

I. — Une série de fonctionnaires.

M. Pastoureau, l'aubergiste, allait sortir avec son fils Pierre; soudain des gens font irruption chez lui; ils étaient curieux à voir : l'un avait une casquette blanche à visière énorme, un autre un chapeau mou rabattu comme un champignon, d'autres des chapeaux de jonc pointus comme des ruches; et leurs vêtements! toile bleue, grise ou tannée, grosse flanelle. Tous avaient un fusil. Tout en saluant, ils s'engouffrèrent dans la cuisine, et se rangèrent en demi-cercle devant madame Pastoureau; puis l'un d'eux s'inclinant — c'était le notaire de la famille — dit : — « Madame, je vous présente M. le *conservateur des hypothèques*, M. *l'inspecteur*

(1) Question 100

de l'enregistrement des domaines et du timbre, M. le vérificateur, idem, idem, idem, et M. le receveur, dito, dito, dito. Et avec eux, la famine... — Ah! madame, la faim et la soif en personne, affirmèrent-ils en chœur! »

Madame Pastoureau souriante fit quatre révérences, les mains au bord du tablier. Puis on se donna des poignées de main. Après quoi l'un sauta sur la poêle, l'autre se mit à fendre le bois et s'empara du soufflet; le troisième cassa les œufs et le dernier trancha le lard. En deux minutes chacun avait son rôle. C'étaient des gens qui savaient se débrouiller; on les aurait crus marmitons et cuisiniers de naissance. En même temps, madame Pastoureau mit la nappe et M. Pastoureau versa le cidre.

C'était, vous le comprenez bien, jour d'ouverture de la chasse. Les hommes très occupés, ceux principalement qui travaillent de tête, aiment beaucoup cet exercice, y compris le déjeuner champêtre, qu'ils paient largement. La chasse repose l'esprit en fatiguant le corps. Si l'on vous faisait voir, enfants, ce qu'est le labeur des hommes de bureau, de ces hommes que les ignorants croient oisifs parce qu'ils ne travaillent pas à la force des bras, plus d'un entre vous aurait peur, et dirait : « J'aime mieux garder les bêtes ou travailler à l'atelier! »

On déjeuna gaiement; si bien que M. Pastoureau, enhardi par la bonne humeur de ces messieurs, n'hésita pas à dire à son voisin de table : — « Monsieur *le* Conservateur, mon fils Pierre est un jeune curieux qui veut tout savoir. Je lui ai expliqué tout ce que je peux lui faire comprendre : ce que c'est qu'un maire, un conseil municipal, un garde cham-

pètre. Mais il me fait d'autres questions sur lesquelles je ne puis lui répondre clairement. Voudriez-vous l'instruire un peu sur vos fonctions à tous. »
— Ah ! vous êtes curieux, mon enfant? C'est bien : **enfant curieux, enfant studieux.** Qui regarde bien, retient vite, et qui écoute, apprend beaucoup. L'intelligence est un bureau avec beaucoup de casiers; les yeux et les oreilles sont les commis, si vous ne leur donnez pas d'ouvrage, les casiers resteront vides!

Bureau de l'enregistrement.

« Eh bien ! commençons: Voici Monsieur qui est votre **notaire** (1), il fait des *actes* et il les envoie à Monsieur, qui est le **receveur** de l'**enregistrement** (2); c'est celui qui vend les *timbres* (3) aux particuliers et aux débitants; il reçoit aussi les revenus

(1) Question 45.
(2) Question 54.
(3) Question 55.

des domaines de l'État; ainsi quand on vend les coupes de forêts, c'est à lui que les marchands paient; il reçoit les *droits de mutation* après le décès des gens (1); il enregistre non seulement les actes des notaires du canton, mais encore les sous-seings privés, et les baux verbaux (2); il perçoit le montant de tous ces droits et il donne toujours un reçu; quand il a cinq mille francs en caisse, il les verse au receveur des finances. Son bureau est ouvert au public de huit heures à quatre heures. Le reste du temps, il met ses écritures en ordre, aussi travaille-t-il plus d'une fois la nuit.

« C'est compris ? bien. Voici Monsieur qui est le **vérificateur** de l'enregistrement. Il passe dans tous les bureaux, dans toutes les études, il *vérifie*. Si une personne a trop payé, il lui fait rendre le surplus : c'est la **restitution**. Si l'on s'est trompé en moins, il réclame, il force le chiffre : c'est le **forcement**. Si l'on a pas suivi la loi, si l'on a fraudé, il impose des **amendes** et des **doubles droits**.

« Après le vérificateur, voici M. l'**inspecteur**, qui recommence partout la même besogne, aussi bien dans l'intérêt de l'État que dans celui des particuliers. Il n'existe pas au monde une autre **administration** qui dépasse, pour la **science**, la **justice** et le **dévouement**, notre **régie** de l'**enregistrement**. C'est ainsi qu'on l'appelle, parce qu'elle *régit dirige ce service*, un des plus importants du **Trésor de l'État**.

« Quant à moi, je suis **conservateur** des **hypothèques** (3), je dépends de cette même régie. Mais

(1) Question 200.
(2) Question 115.
(3) Récit page 70.

voici que le soleil est déjà haut : le temps nous presse. Allons ! messieurs, les congés sont rares ! Vous, jeune homme, venez un de ces jours à mon bureau avec votre père : nous continuerons cette leçon. »

II. — Au bureau des hypothèques.

Pierre Pastoureau était un enfant réfléchi. Sans dire un mot, il avait ouvert ses oreilles toutes grandes à la leçon de M. Tour, le conservateur. Et depuis ce jour, il la ruminait.

Bureau des hypothèques.

Au bout d'une huitaine, c'était jour de congé, il dit à son père : « M. Tour m'avait promis la suite de ses explications. Allons l'écouter, père, veux-tu ? »

M. Pastoureau, bien content, appela son fils « grand curieux ! » et le conduisit au **bureau** des **hypothèques** chez son professeur volontaire. Ils furent bien reçus. M. Tour leur montra sur sa table un gros volume, un registre : « Ceci, dit-il, est le **carnet de dépôt**; toutes les formalités qui s'accomplissent ici y sont portées par ordre de date. » — Il les fit passer dans une salle garnie de casiers pleins d'autres registres. Au milieu, quatre employés écrivaient.

« Ces registres, dit-il, sont ceux des **inscriptions**, — les autres, ceux des **transcriptions**. — Ceux-ci contiennent des **tables** alphabétiques, pour retrouver les noms de tous les intéressés. »

A ce moment entra un cultivateur. « Monsieur, dit-il, je voudrais bien savoir si Jean Malron a des dettes inscrites, car voyez-vous, il... — inutile, Monsieur, de me dire votre motif; déposez un franc, et signez ceci, c'est la **réquisition**, la demande d'**état d'inscriptions** (1). » Le visiteur signa. Le premier commis ouvrit une table alphabétique, puis un registre et dit : — « Du 10 janvier 1880, il y a une inscription de 3,000 francs pour argent prêté par obligation... — Voyez-vous cela. Je ne m'en doutais pas! C'est bon à savoir. » Et l'homme partit.

Un personnage bien mis, à l'air bourgeois, s'avança : « M. Jean Pitou, dit-il, me demande à emprunter 1,000 francs sur un champ et... — Bien, vous voulez savoir s'il n'y a pas d'inscription dessus? — Justement! » La même cérémonie se répéta, et le commis dit : « Il n'y en a pas sur ce nom. — Mais, si le champ était vendu, ajouta le bourgeois? — Voulez-vous le savoir? — S'il vous plaît. » Le commis prit une autre table alphabétique, alla tirer d'un rayon un volume et dit : « Du 15 mars 1880,

(1) Question 105.

volume 1012, n° 91, transcription d'un contrat, duquel il résulte que Jean Pitou a vendu le champ que vous désignez à... — Assez, en voilà assez, dit le demandeur. » Et il sortit vite ; s'il courait porter quelque chose chez le malhonnête emprunteur, bien sûr ce n'était pas ses écus !

Plusieurs clercs apportèrent des liasses de contrats à transcrire ; Pierre et son père étaient émerveillés de cette masse d'affaires, et de la rapidité avec laquelle on les expédiait. Le conservateur avait fait exprès de les laisser écouter pour leur instruction. « Voyez-vous, ajouta-t-il, tout ce qu'il y a dans l'arrondissement de **contrats, actes** et **jugements** emportant **translation** (1) de propriété, est **transcrit** sur ces registres-là ; un contrat n'est bon vis-à-vis de tous que grâce à cette copie (2). Et tout ce qu'il y a de dettes garanties par une hypothèque est inscrit dans ces autres volumes. Je garde, je **conserve**, le tout à la disposition du public, j'en suis le *conservateur*.

« Tenez, Pierre, voulez-vous savoir si votre père est chargé d'inscriptions ? » Il chercha et lut : — « Jacques Pastoureau, deux inscriptions. — Ah ! pour ça non, dit M. Pastoureau, mon bien est franc ! » M. Tour continua : « Inscription d'office (3) pour prix d'un champ acheté 1,000 francs : — d'office pour prix d'un pré acquis 1,500 francs. — Mais j'ai payé, j'ai mes quittances (4). — Je ne dis pas non, mais vous n'avez pas fait *lever l'inscription*. Je ne peux la rayer qu'en recevant dépôt de l'expédition

(1) Question 61.
(2) Question 59.
(3) Questions 71 et 72.
(4) Question 74.

d'une quittance ou *mainlevée notariée* (1). Sinon elle dure dix ans (2), puis elle cesse ; on dit alors qu'elle est **périmée**, usée.

J'ai dit que toutes les hypothèques mises sur des biens de mon arrondissement étaient inscrites ici : il y a une exception pour l'**hypothèque légale** des **femmes** mariées sur les biens de leur mari (3) et des **mineurs** sur les biens de leurs tuteurs (4). Voilà pourquoi, à la fin des contrats de vente, on met un article où l'on demande aux vendeurs quel est leur état civil (5), s'ils sont mariés ou tuteurs, afin de savoir s'ils ne sont pas tenus d'une de ces hypothèques légales qu'on ne saurait trouver ici. Quand on doute, et qu'on veut se garantir absolument contre ces charges qui s'imposent par la seule volonté de la loi, et sans avoir besoin d'être inscrites, on remplit une série de formalités qui se nomme **purge des hypothèques légales**. C'est pour cela qu'on voit souvent dans les journaux une insertion portant ce titre. **Purger** un bien, c'est le nettoyer de toutes ses charges.

Le **système foncier** en **France** est si bien organisé, qu'on peut en **toute sécurité prêter** et **acheter**, pourvu qu'on se conforme à la loi.

DEVOIRS DE RÉDACTION.

33. Expliquez, d'après le récit et la gravure de la page 73, l'idée que vous vous faites du receveur de l'enregistrement, de son bureau, ainsi que des vérificateurs et des inspecteurs.

34. Même sujet pour le conservateur des hypothèques et son bureau, en appuyant vos dires sur des exemples (gravure, page 75)

(1) Question 76.
(2) Question 73.
(3) Question 125.
(4) Question 162.
(5) Récit page 11.

BAIL

DIX-HUITIÈME LEÇON.

[1709]. — 112. Le **bail** est un contrat par lequel l'une des parties s'oblige à faire jouir l'autre d'une chose pendant un certain temps, et moyennant un certain prix que celle-ci s'oblige à payer.

PRINCIPALES RÈGLES GÉNÉRALES.

[**1713**]. — 113. On peut louer ou affermer toutes sortes de biens, meubles ou immeubles.

[**1714**]. — On peut louer, ou par écrit, ou verbalement.

[**1737**]. — 114. Le bail cesse de plein droit à l'expiration du terme fixé, lorsqu'il a été fait par écrit : il n'est pas nécessaire dans ce cas de donner congé.

[**1738**]. — Si, à l'expiration des baux écrits, le preneur reste et est laissé en possession, il s'opère un nouveau bail. Ce bail s'appelle **tacite reconduction**, ce qui signifie : une location nouvelle qui se fait sans qu'on en parle. La tacite reconduction est soumise aux mêmes règles que la location faite sans écrit.

[**1739**]. — Lorsqu'il y a un **congé** signifié, le preneur ne peut invoquer la tacite reconduction, même s'il en est resté en jouissance malgré le congé.

ENREGISTREMENT DES BAUX.

115. *Tout bail écrit ou verbal doit être enregistré.*

116. Le bail par *acte notarié* est présenté à l'enregistrement par le *notaire.*

Le bail sous seing privé doit être présenté à l'enregistrement dans les *trois mois de la date.*

De même, le bail verbal doit être déclaré dans les trois mois sur une feuille-formule fournie par le receveur de l'enregistrement.

117. La *loi du 23 août 1871* est la plus récente concernant l'enregistrement des baux.

118. Le défaut d'enregistrement dans les délais donne lieu à une amende de 50 francs, décimes en plus.

119. Le droit d'enregistrement du bail est de 20 centimes par 100 francs, ce qui fait 25 centimes avec les 2 décimes et demi.

120. Sont exceptées de la formalité d'enregistrement les locations verbales ne dépassant pas trois ans de durée et 100 francs de prix, quand le bailleur ou loueur n'a pas plusieurs locations dont le total réuni dépasserait ce chiffre.

Exercices oraux ou écrits.

112. Qu'est-ce que le bail?
113. Que peut-on louer et comment peut-on louer?
114. Qu'est-ce que la tacite reconduction?
115. Les baux doivent-ils tous être enregistrés?
116. Comment? Dans quel délai?
117. Quelle est la loi la plus récente qui concerne l'enregistrement des baux?
118. Quelle est l'amende si un bail n'est pas enregistré dans les délais?
119. Quel est le droit d'enregistrement?
120. Y a-t-il des exceptions

DEVOIRS DE RÉDACTION.

35. Faites connaître ce que c'est que le bail, ainsi que les dispositions légales auxquelles il est soumis.

36. Votre père veut prendre à bail une maison et plusieurs pièces de terres labourables, moyennant 500 fr. par an. Dressez l'acte sous seing privé et faites-le signer par les parties.

37. L'un de vos frères prend à bail pour une période de trois, six, neuf années, au gré du preneur, une pièce de terre de 4 hectares 25 ares, à raison de 80 fr. l'hectare, payables tous les ans le 11 novembre. Faites le bail sous seing privé, et n'omettez pas d'indiquer en marge la mention de l'enregistrement, avec la somme perçue par le receveur (vingt centimes par cent francs, sur le montant cumulé des années de loyer deux décimes et demi en plus).

38. Un de vos voisins loue à bail pour trois ans une petite maison moyennant 90 fr. par an. Il vous demande ce qu'il doit faire pour être en règle avec son propriétaire. Donnez-lui par écrit les indications nécessaires pour faire son bail.

CONTRAT DE MARIAGE

DIX-NEUVIÈME LEÇON

DÉFINITIONS PRÉLIMINAIRES.

[1394-1387]. — 121. Le **contrat de mariage** est l'acte passé devant notaire avant le mariage, pour régler les conventions matrimoniales quant aux biens, c'est-à-dire les conventions que font les époux au sujet de leurs biens.

[1395]. — 122. **Il ne peut recevoir aucun changement après la célébration du mariage.**

[1387]. — 123. Le contrat de mariage n'est pas obligatoire ; c'est-à-dire que les parties sont libres d'en faire rédiger un, ou de s'en passer.

[1398]. — 124. Toutes les personnes habiles à contracter mariage sont habiles à contracter toutes les conventions dont le contrat de mariage est susceptible ; pourvu, s'il s'agit d'un mineur, qu'il soit assisté, dans le contrat, des personnes dont le consentement est nécessaire pour la validité du mariage.

[2121]. — 125. On appelle **hypothèque légale de la femme**, le droit que la loi accorde à la femme mariée, sur les biens de son mari, pour la garantie de ses biens à elle.

VINGTIÈME LEÇON

RÉGIMES DIVERS.

126. Il y a **quatre** principaux **régimes**, bien distincts, que les époux peuvent adopter :

1° Le régime de la **communauté;**

2° Le régime **exclusif** de communauté;

3° Le régime de la **séparation** de biens;

4° Le régime **dotal.**

[**1401** à **1420**]. — 127. Le régime de la **communauté** est celui où les époux ont d'abord des biens personnels ou propres, c'est-à-dire appartenant à l'un des deux seulement, et puis en outre des biens communs, appartenant à tous deux.

[**1421** à **1430**]. — 128. Le mari a seul l'administration, tant des biens communs que des biens propres à la femme.

[**1467** à **1470**]. — 129. La femme a la faculté de partager les biens communs et les bénéfices de communauté ou bénéfices résultant de l'administration de biens communs, en reprenant ses biens propres, lors de la dissolution de la communauté.

[**1399**]. — 130. La communauté commence au jour du mariage.

[**1441**]. — 131. Elle se dissout par la mort, la séparation de corps et la séparation de biens. Autrefois, elle pouvait aussi se dissoudre par le divorce : mais le divorce a été aboli par la *loi du* 8 *mai* 1816.

132. Il y a deux espèces de communauté : la communauté **légale** et la communauté **conventionnelle.**

[**1400-1393-1528**]. — 133. La communauté légale est celle qui résulte de la loi : **c'est le contrat de mariage de ceux qui n'en ont pas.** — Elle forme le **droit commun** de la **France.**

[**1497**]. — 134. La communauté conventionnelle est celle qui résulte de conventions ou de dispositions des époux dans leur contrat.

[**1498** à **1514**]. — 135. Le régime de communauté conventionnelle le plus usité en France est celui de la communauté **réduite aux acquêts**, c'est-à-dire aux biens acquis durant le mariage.

[**1530-1531**]. — 136. Sous le régime **exclusif** de

communauté, tous les biens de la femme lui sont personnels, mais le mari en a seul l'administration; la femme n'a aucun droit aux bénéfices faits par le mari durant le mariage.

[1536]. — 137. Le régime de la **séparation de biens** est celui où tous les biens meubles et immeubles de la femme lui sont personnels; elle en a l'entière administration ainsi que la libre jouissance de ses revenus.

[1554 à 1580]. — 138. Sous le régime **dotal**, tous les biens de la femme lui sont personnels. Ils peuvent être divisés alors en deux parties : les uns sont désignés pour constituer la dot; ils sont inaliénables, mais le mari en a l'administration; c'est ce qu'on appelle les *biens dotaux*. Les autres, qui ne sont pas stipulés dotaux, se nomment *biens paraphernaux* : c'est la femme qui en a l'administration et la jouissance

Exercices oraux ou écrits.

121. Qu'est-ce que le contrat de mariage?
122. Peut-il être modifié après le mariage?
123. Est-on obligé de faire un contrat de mariage?
124. Le mineur peut-il faire un contrat de mariage? Quelle condition faut-il pour cela?
125. Qu'est-ce que l'hypothèque légale de la femme?
126. Combien y a-t-il de régimes? Nommez-les?
127. Qu'est-ce que le régime de la communauté?
128. Sous ce régime qui est-ce qui administre les biens?
129. Quelle est la faculté que la loi accorde à la femme au sujet des biens communs?
130. Quand commence la communauté?
131. Quand se dissout-elle, c'est-à-dire quand finit-elle?
132. Combien y a-t-il d'espèces de communautés?
133. Qu'est-ce que la communauté légale?
134. Qu'est-ce que la communaute conventionnelle?
135. Quel est le régime de communauté conventionnelle le plus usité?
136. Expliquez le régime exclusif de communauté?
137. Expliquez le régime de la séparation de biens?
138. Expliquez le régime dotal

SEPTIÈME RÉCIT

CONTRAT DE MARIAGE

I. — Le contrat de tout le monde. — Communauté légale (1). — Les époux Letort.

Jean Letort était sertisseur; nul ne savait plus habilement monter une perle ou un diamant. C'est un bon métier, où l'on peut gagner 12 et même 15 francs par jour. Si bien qu'à 25 ans ayant toujours été très rangé il possédait au moins dix mille francs d'économies.

Il épousa Jeannette Millot, brunisseuse d'or de son état, charmante et laborieuse jeune fille, mais sans un sou de dot.

On se maria très vite et sans fracas; pour tout contrat les amis et amies firent à Jeannette une chanson dont le refrain était :

Ah! quel heureux sort
Elle n'a pas tort (Bis)
D'épouser Letort.

Et elle n'en eut pas regret! On travailla ferme! on fit du commerce, on passa bien des nuits debout! mais après 15 ans le ménage pouvait se retirer avec six bons mille francs de rentes, honnêtement gagnés.

M. Letort parla d'acheter une maison dans sa commune natale, là il pourrait en devenir *conseiller municipal* et puis *maire*, car il avait un peu d'ambition, le digne M. Letort!

(1) Question 133.

« Je n'ai qu'un seul regret, répétait-il souvent... — Et lequel donc ? lui demanda un jour son ami le notaire. — C'est de n'avoir pas fait de contrat de mariage (1) ! Cela m'inquiète pour ma brave femme ! — Rassurez-vous, mon ami, dit l'autre, tout le monde a un contrat de mariage, car la loi prévoyante en a fait un très beau pour ceux qui

On travailla ferme ! on fit du commerce.

n'en font pas (2). — Ah bah ! — Certainement, et je vais bien vous expliquer le vôtre. Combien aviez-vous quand vous vous êtes marié ? — Dix mille francs. — Bon, et madame Letort ? — Ah ! pour elle, elle avait sa robe de noce et les petits bijoux que je lui ai offerts, et même c'était moi qui les avais montés ; vous pouvez croire que c'était de l'ouvrage bien fait. Elle, auparavant, vous

(1) Question 121.
(2) Question 133

comprenez, elle envoyait ses gains à ses parents; cela est naturel, elle avait dix-huit ans. — Parfait, elle n'avait rien; eh bien, voici l'effet de votre contrat : la veille, vous aviez 10,000 francs; le lendemain de votre union vous n'en aviez que 5,000. — Comment donc? que voulez-vous dire? — Et madame Letort avait les cinq autres. Cela vous fait-il de la peine? — Mais non bien sûr! — Poursuivons donc : et depuis, avez-vous hérité? — Moi? rien, une bagatelle, à peine cinq cents francs d'argent. — Et madame Letort? — Elle a eu de sa mère une vigne qui nous rapporte par an, un quarteau de vin et un panier de raisins. — Eh bien, madame Letort est plus riche que vous; sa vigne est à elle, c'est un **bien propre**, parce que c'est un *immeuble*, et elle a la moitié de tout ce que vous avez apporté en mariage, gagné et hérité, parce que c'était de l'argent, et que l'argent est *mobilier*. C'est en cela que consiste la **communauté légale** (1), c'est-à-dire imposée par la loi à ceux qui n'ont pas de contrat, c'est le **grand contrat populaire.**

— « Ah! j'en suis enchanté, dit M. Letort, car je n'ai rien de plus cher que ma femme, et je lui donnerais de grand cœur le tout. D'ailleurs cela ne ferait pas grande différence, puisque j'en demeurerais toujours le maître comme administrateur; mais cela ne fait rien : je comprends maintenant pourquoi les camarades chantaient en nous présentant un bouquet : — *Si elle a le tort, ce n'est pas celui de l'épouser!* »

(1) Question 133.

II. — La communauté réduite aux acquêts (1)
Le tien et le mien.

— *Le tien et le mien!* dit le père Jacques en faisant sonner son verre sur la table où il le posa.

— *Le tien et le mien!* répétait le père Jean d'un air satisfait.

— **Chacun le sien, voilà le mieux!** continuaient-ils en chœur.

— Chacun le sien, voilà le mieux.

Du reste l'un et l'autre paraissaient contents, ils s'étaient mis tout à fait d'accord en dégustant chacun un grand verre d'un bon vin de Bu. Ne riez pas, enfants, le cru de Bu-la-Vieille-Ville fait de bon petit vin, et s'il n'est pas connu au loin, c'est qu'on le boit dans le pays, ce qui prouve l'hospitalité des habitants.

— Ainsi, reprit le père Jacques, tu donnes

(1) Questions 134 et 135.

3,000 francs à ta fille? eh bien, je donne à mon Victor 1,000 écus! Topons là, **vive l'égalité!**

— Et tu laisseras à ton garçon en mourant autant d'argent qu'il te plaira? Et moi à ma fille je lui laisserai le plus gros magot que je pourrai! topons là, **vive la liberté!**

C'est cela. Et maintenant, il s'agit de nous entendre pour les conditions, en bons frères! Cela te va? Alors, **vive la fraternité!**

— Écoute bien, Jean. Si mon fils meurt avant ta fille sans laisser d'enfants, ce qui est de ma famille restera dans ma famille, je ne veux pas qu'un seul de mes biens passe dans la bourse de ta famille!

— Écoute, Jacques, je veux que tous mes champs n'aillent pas à d'autres qu'à mes petits-enfants. S'il n'en vient pas, les champs reviendront à la souche, c'est-à-dire aux miens.

— C'est parfait: mon notaire dit que c'est la coutume de Paris, aussi bien que de Bu. Il dit aussi que c'est la plus juste!

Ils vidèrent un grand verre du cru pour approuver la coutume.

Et ils trinquèrent à nouveau pour affirmer le principe.

— Alors, continua Jacques, nous ferons le contrat de mariage...

Jean l'interrompit: — On ne fait pas de contrat de mariage soi-même, le notaire seul peut le passer (1). — C'est vrai, eh bien! notre notaire fera le contrat sous le régime de la communauté **réduite aux acquêts**; c'est-à-dire: *il n'y aura de commun entre les époux que ce qui s'acquiert,*

(1) Question 121.

les bénéfices en un mot, les gains, épargnes, revenus des biens propres, et les biens achetés pendant le mariage. Tout le reste, n'importe de qui il vienne, argent, meubles ou biens-fonds, sera à la lignée, à la famille d'où il viendra. Le tien et le mien !

— Chacun le sien, affirma Jean ! mais s'il n'y a pas de bénéfices ?

— Il y en aura et on les partagera... sinon, si même il y a perte, c'est mon fils qui sera perdant. **Qui conduit mal mérite seul de verser** ; ta fille retirera toujours le sien. Tel le veut la loi, qui est la sagesse même !

Et l'on passa ainsi le contrat ; ce que décident les parents est toujours en ce point le mieux pour les enfants.

La différence de ce régime avec celui de la communauté légale (1), c'est que dans celle-ci tout ce qui est mobilier tombe dans la communauté, alors même qu'il viendrait de famille ; dans l'autre au contraire il n'y a de commun que ce qui est gagné.

III. — Exclusion de communauté (2). — Séparation de biens (3). — Deux veufs.

M. Jean Thomas, ancien jardinier, avait soixante-dix ans, il était veuf depuis longtemps, avec un garçon et une fille, tous deux bien établis ; il avait 700 francs de rente, sa maison et un jardinet.

Madame Cécile Blanchard avait soixante-six ans, elle était restée veuve à quarante ; elle n'avait pas d'enfants, mais cinq neveux qu'elle aimait tout

(1) Question 133.
(2) Question 136.
(3) Question 137.

autant; elle avait 900 francs de rente, sur quoi il fallait payer son loyer.

Les deux familles étaient très liées. Un mariage de convenance fut décidé. Songez donc qu'avec les deux revenus réunis, les vieillards pouvaient être très à l'aise. D'ailleurs tous deux étaient d'un caractère aimable et gai ; ils étaient faits pour s'entendre et vivre heureux. Pour combien de temps? Là n'est pas la question.

Beaucoup de ces secondes unions n'amènent pas la paix dans les familles. Les questions d'intérêt, l'enchevêtrement des patrimoines (1) froissent souvent les enfants et autres parents.

Ceux de nos futurs avaient dit : « Cela marchera si le notaire vous arrange bien. »

Ils allèrent à l'étude. M. Thomas était très sourd, il dit au notaire :

— J'ai l'oreille dure, vous le savez. Donnez-moi le clerc qui parle le plus fort.

Le notaire fit signe qu'au lieu d'un il lui en donnait deux.

M. Thomas fut content et vint s'asseoir entre le troisième et quatrième clerc. Alors le troisième clerc dit à l'autre :— Je suis le plus haut en grade, je tiens la plume, toi fais les questions. — Le quatrième fit un porte-voix de ses mains. *Mô-sieu Tho-mas ?...* — Bien, très bien, j'entends. Je crois bien qu'il devait entendre ! le jeune homme avait une voix de clairon : c'était lui qui criait aux ventes publiques. J'imagine qu'à ce cri la poussière trembla sur les cartons. Il continua — *Qu'est-ce-que-vous-ap-por-tez-en-ma-riage ?...*

(1) Ce qu'on tient des parents par héritage.

— M. le clerc, 700 francs de rente, ma maison, et mon âne tout habillé !

Un fou rire envahit l'étude. Madame Cécile expliqua que *tout habillé* voulait dire tout harnaché; Puis elle indiqua ce qu'elle possédait.

Le troisième clerc dit à son collègue : — Il s'agit de conserver la paix dans deux familles : ton avis?

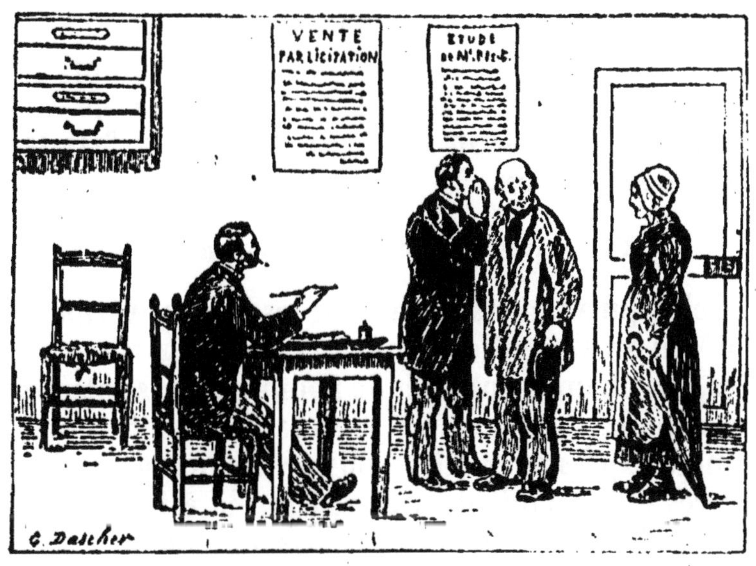

Le clerc fit un porte-voix de ses mains.

Le quatrième songea : — Moi, répondit-il, je ferais le contrat sous le régime exclusif de communauté (1), tous les biens de la femme lui restent personnels, le mari les administre, la femme n'a pas droit aux bénéfices faits par le mari pendant le mariage.

Le troisième reprit : — Je préfère le régime de la séparation de biens (2). On laisse à chacun des

(1) Question 136.
(2) Question 137.

époux l'administration de ce qui lui appartient; et cela ne les empêche pas de s'associer s'ils veulent pour travailler en commun. Ils contribueront aux charges du ménage chacun pour deux tiers de leurs revenus.

Le quatrième clerc en signe d'assentiment refit le porte-voix et proclama : *Se-pa-ra-tion!* — Bon, dit M. Thomas, c'est cela, pas d'*embrouille*.

Ainsi fut fait le contrat; M. Thomas, qui lisait bien, approuvait de la tête à chaque ligne.

Les enfants et les neveux enchantés furent de la noce, et l'harmonie des deux familles ne fut jamais troublée. **Bon contrat de vieux fait la paix des jeunes.**

IV. — Régime dotal en Normandie.

Celui qui a traversé dans tous les sens la Normandie, qui a vu ses villes commerçantes, ses riches vallées, ses champs entourés de pommiers, ses coteaux du sommet desquels les sources viennent couler comme exprès pour faire pousser des herbages plus feutrés qu'un tapis de Perse, celui-là est tenté de dire : « J'ai vu le plus riche pays du monde, » et il ne se trompe guère. Là s'est acclimatée une race bien française (1), solide de corps, fine d'intelligence, hardie au gain, prudente contre la perte; tout le caractère des Normands s'exprime par ce seul mot : **réserve.**

C'est cet esprit de prudence qui leur a fait de tout temps, à travers les âges, préférer pour leurs ménages le *régime dotal.*

Le système est très simple. Tenez : voici Pierre

(1) Les *Normands* ou *Northmans* étaient originaires du Danemark, de la Norvège et de la Suède; ils s'établirent dans la *Neustrie*, à laquelle ils donnèrent le nom de *Normandie*, en 911.

et Louise qui se marient; on déclare **dotal** un bien de la femme, un domaine par exemple, ou une rente sur l'État, ou enfin de bonnes obligations. Ce bien-là demeure **inaliénable** ; le mari et la femme, tant qu'ils seront ensemble, ne pourront pas le **dissiper**; quant au reste, il sera libre et à leur disposition, comme dans les autres contrats.

Là s'est acclimatée une race bien française, hardie au gain, prudente contre la perte.

Le régime dotal existe encore dans la Creuse et dans une grande partie des départements du Midi; là c'est un vestige du *droit romain*.

Mais il ne faudrait peut-être pas le transporter en dehors des contrées où il s'est perpétué traditionnellement et où il n'offre aucun inconvénient parce qu'il est bien compris et qu'on a l'habitude et la manière de s'en servir; dans bien des endroits il serait pour les petites familles extrêmement gênant;

contre le commerçant il éveillerait la défiance en paraissant restreindre la responsabilité ; dans les campagnes il arrêterait les ventes en occasionnant des formalités auxquelles on n'est pas habitué, il supprimerait le crédit en rendant les emprunts difficiles. En somme, c'est en France un régime d'exception.

DEVOIRS DE RÉDACTION.

39. L'un de vos frères ou l'une de vos sœurs se marie sous le régime de la communauté. Son apport consiste en une somme de 500 fr. provenant de ses économies, et en une dot de 3,000 fr. en espèces que lui font vos parents. L'apport de l'autre conjoint, qui n'a plus ni père ni mère, consiste en une maison estimée 4,000 fr. et une dot de 2,500 r. que lui fait son grand-père.

Expliquez à votre famille comment sera établi le contrat et quelles personnes devront y concourir.

40. Faites connaître quelle est la situation, quant à leurs biens, de deux époux qui n'ont pas fait de contrat de mariage.

41. L'un de vos amis a entendu dire qu'un membre de sa famille s'était marié sous le régime de la communauté réduite aux acquêts. Ne sachant ce que cela veut dire, il vous demande des renseignements que vous lui donnez par lettre, et vous complétez votre récit par un exemple.

42. Un de vos cousins vous a écrit qu'il était sur le point de contracter un mariage à Caen. Prévenez-le qu'on lui demandera de faire le contrat sous le régime dotal. Expliquez-lui ce que c'est.

TROISIÈME PARTIE

ACTES APRÈS DÉCÈS.

C'est-à-dire actes qui suivent l'ouverture des successions

VINGT ET UNIÈME LEÇON.

DÉFINITIONS ET EXPLICATIONS PRÉLIMINAIRES.

[718]. — 139. Les **successions** s'ouvrent par la mort.

[724]. — 140. Les héritiers légitimes sont **saisis** (1), de plein droit, des biens, droits et actions du défunt, sous l'obligation d'acquitter toutes les charges de succession. Un vieil adage traduit cela ainsi : **Le mort saisit le vif.**

[725]. — 141. Pour succéder, il faut nécessairement exister à l'instant de l'ouverture de la succession, et être au degré de parenté indiqué par la loi ; on est alors *habile* à hériter, *appelé* par la loi à succéder.

DES DIVERS ORDRES DE SUCCESSION.

[731]. — 142. Les successions sont déférées aux enfants et descendants du défunt ; — et, à leur défaut, — à ses ascendants — et à ses parents collatéraux.

(1) Deviennent propriétaires.

[732]. — 143. La loi ne considère ni la nature ni l'origine des biens pour en régler la succession. — Ainsi, que les biens soient meubles ou immeubles, qu'ils soient les fruits du travail ou qu'ils viennent d'un héritage, la loi qui règle les successions ne s'en occupe pas.

[733]. — 144. Toute succession échue à des ascendants ou à des collatéraux, se divise en deux parties égales : l'une, pour les parents de la ligne **paternelle** ; l'autre, pour les parents de la ligne **maternelle**.

[734]. — 145. Cette première division opérée entre les lignes paternelle et maternelle, il ne se fait plus de division entre les branches ; mais la moitié dévolue à chaque ligne appartient à l'héritier ou aux héritiers les plus proches en degrés, sauf ce qui va être dit pour la représentation.

[735]. — 146. La proximité de parenté s'établit par le nombre de générations; chaque génération s'appelle un **degré**.

[736]. — 147. La suite des degrés forme la **ligne**. On appelle **ligne directe**, la suite des degrés entre personnes qui descendent l'une de l'autre ; **ligne collatérale**, la suite des degrés entre personnes qui ne descendent pas les unes des autres, mais qui descendent d'un auteur commun.

148. On distingue dans la ligne directe, la ligne directe **descendante** et la ligne directe **ascendante**.

La première est celle qui lie le **chef** avec ceux qui descendent de lui; la deuxième est celle qui lie une personne avec ceux dont elle descend.

[737]. — 149. En ligne directe, on compte autant de degrés qu'il y a de générations entre les personnes : ainsi, le fils est, à l'égard du père, au premier degré; le petit-fils, au second degré ; et réciproquement du père et de l'aïeul, à l'égard des fils et petit-fils.

[738]. — 150. En ligne collatérale, les degrés se comptent par les générations, depuis l'un des parents

jusques et non compris l'auteur commun, et depuis celui-ci jusqu'à l'autre parent.

Ainsi, deux frères sont au deuxième degré; l'oncle et le neveu sont au troisième degré; les cousins germains, au quatrième; ainsi de suite.

151. On appelle: **généalogie,** la chaîne ou succession des degrés de parenté entre les membres d'une famille;

Tableau généalogique, un tableau dressé pour établir cette chaîne.

On appelle aussi ce travail **arbre généalogique.**

Dans le tableau généalogique l'auteur ou ancêtre commun se place en haut; les enfants en dessous parallèlement, les petits enfants sous chaque enfant, ainsi de suite en descendant de façon que chaque génération soit sur une ligne horizontale.

Si vous partez du bas en remontant, vous avez la ligne directe *ascendante.*

Si vous partez du haut de chaque côté, vous aurez la ligne directe *descendante.*

Si vous tracez des directions horizontales et obliques, vous aurez la ligne *collatérale.*

DE LA REPRÉSENTATION.

[739]. — 152. La **représentation** est une fiction, une supposition de la loi, dont l'effet est de faire entrer certaines personnes, nommées les **représentants,** dans la place, dans les degrés et dans les droits du représenté.

[740]. — 153. Elle a lieu à l'infini, en ligne directe descendante.

[742]. — 154. En ligne collatérale, elle est admise en faveur des enfants et descendants des frères ou sœurs du défunt. Par la représentation, l'intérêt des petits-enfants, des neveux et des petits-neveux est sauvegardé; ils viennent prendre la part qu'aurait prise leur père s'il n'était pas mort ou leur mère si elle n'était pas morte; rien de plus juste, mais la loi a borné sa sollicitude aux petits-enfants et arrière-petits-enfants, aux neveux et arrière-neveux; elle ne l'a pas étendue aux cousins; un cousin germain dans sa ligne prend toute la part d'hérédité à l'exclusion des cousins plus éloignés.

Exercices oraux ou écrits.

139. Comment s'ouvrent les successions?
140. Que signifient ces mots le mort saisit le vif?
141. Que faut-il pour succéder, c'est-à-dire pour hériter?
142. A qui sont déférées les successions?
143. La nature et l'origine des biens sont-elles à considérer?
144. Comment se divise la succession échue à des ascendants ou à des collatéraux?
145. Après cette division, à qui appartient chaque moitié?
146. Comment s'établit la proximité de parenté?
147. Qu'est-ce que la ligne? — La ligne directe? — La ligne collatérale?
148. Qu'est-ce que la ligne directe descendante? La ligne directe ascendante?
149. Comment comptez-vous les degrés en ligne directe?
150. Comment en ligne collatérale?
151. Qu'est-ce que la généalogie, le tableau généalogique, l'arbre généalogique?
152. Qu'est-ce que la représentation?
153. Comment a-t-elle lieu en ligne directe descendante?
154. Et en ligne collatérale

HUITIÈME RÉCIT

LES SUCCESSIONS

I. — L'enfant posthume.

A la **bataille de Gravelotte**, le lieutenant-colonel Charles Guyot marchait à cheval avec son colonel à la tête du 94me régiment de ligne. Deux éclats d'obus vinrent le frapper à la cuisse et à la poitrine; il chancela et dit au troupier le plus proche qui lui tendit les bras pour le recevoir : « *Soldat, je suis touché.* »

Les blessures n'étaient pas mortelles, on le descendit et huit hommes furent détachés pour le porter à l'ambulance.

Arrivé auprès d'un fossé, il désira se retourner pour voir : on s'arrêta, on le soutint, il regarda, il vit..... Le régiment pliait, refoulé par l'ennemi ! Les Allemands étaient plus nombreux.

Il se fit asseoir sur la crête, face au combat,

— Allez, on a besoin de vous.

puis, étendant le bras, il dit : — *Allez, on a besoin de vous !* — Et les huit hommes allèrent au feu.

Lui périt là...

Cette bataille, enfants, fut terrible. Les soldats français commençaient à comprendre que la patrie était en danger comme elle ne l'avait jamais été, et qu'ils étaient l'une de ses dernières espérances. Ils voyaient que si les Prussiens leur passaient sur le corps, ils pourraient fouler aux pieds la France entière, saccager et ruiner tout. Cela leur donnait un courage de désespérés, et ils se faisaient tuer sur place plutôt que de lâcher pied.

Les combattants passèrent et repassèrent si souvent sur l'endroit où était mort le lieutenant-colonel, qu'on ne reconnut pas son corps parmi les morts. Des soldats l'avaient vu mourant, des blessés avaient aperçu **un Prussien**, un de ceux qu'on appelle les *corbeaux du champ de bataille*, parce qu'ils dépouillent les corps, lui prendre sa croix et son portefeuille; mais on ne put le retrouver (1).

C'était un brave parmi les braves! il ne songeait jamais à lui; déjà dans les tranchées, devant Sébastopol, il s'était souvent prodigué; il avait été décoré pour être entré des premiers à Malakoff.

— Si ton père te voyait, que penserait-il de toi?

Le lieutenant-colonel avait quarante-deux ans, il était marié depuis six semaines, lors de son rappel à l'armée du Rhin. Sa veuve eut un enfant, un robuste garçon, six mois après qu'il fut tombé au champ d'honneur. Sa mère lui parle souvent de son père. Quand, par hasard, elle voit son fils près de se laisser aller à quelque faute : « Si ton père te voyait, lui dit-elle, que penserait-il de toi? » Et l'enfant aussitôt devient

(1) Pour l'acte de décès, voir la fin du récit, pages 32 et 33.

docile et sérieux. Il vénère par-dessus toutes choses le nom paternel. « Qu'est-ce que tu souhaiterais le plus au monde? » lui dit un jour sa mère. « De ressembler à mon père, dit l'enfant. » Puis il réfléchit un instant et reprit : « Je souhaiterais encore une seconde chose. Je voudrais être soldat pour chasser les Prussiens du pays où ils ont tué mon père. »

L'enfant qui naît ainsi après le décès de son père s'appelle enfant *posthume*. Vous comprenez bien qu'il hérite comme s'il était né avant la mort de son père, ou, comme dit le Code, de son *auteur;* la loi le considère comme existant déjà au moment du décès (1).

L'enfant qui vient au monde mort, au contraire, s'appelle enfant *mort-né;* il n'hérite pas et personne n'hérite de lui, il est censé n'avoir pas existé.

NEUVIÈME RÉCIT

LES SUCCESSIONS. — LIGNE COLLATÉRALE.

I. — La cousine Rose.

La cousine Rose mourut à quatre-vingt-quinze ans; elle ne s'était pas mariée, elle avait une bonne aisance qui lui venait de diverses successions.

Plus d'une fois elle fut sollicitée de faire un testament.

Autour des vieillards, il y a toujours de mauvaises gens, qui les assiègent pour avoir leurs biens. L'un veut une rente, un autre préférerait une somme

(1) Voir question 141.

ronde une fois donnée, le troisième se rabat sur quelques meubles qu'il convoite. Chacun a ses moyens : celui-ci flatte, celui-là tâche de se rendre nécessaire par de petits services qu'il fait sonner bien haut ; il y en a qui vont jusqu'à faire amitié avec le chien, le chat et le perroquet de la maison pour plaire. Les plus malins dénigrent les parents pour

C'est une vilaine chose que la chasse aux successions.

les faire déshériter, afin d'avoir tout. Ah! c'est une vilaine chose que la **chasse aux successions** !

Lorsque vos parents sans famille sont vieux, ne les laissez pas aux mains d'étrangers. C'est à vous de les entourer, non pas en intrigants qui veulent faire payer leurs soins, mais en parents respectueux et affectueux. Soignez-les sans bassesse, veillez sur eux avec dignité pour déjouer les mauvaises intrigues.

La cousine Rose avait l'âme droite : elle s'était

fait ce raisonnement : « Pourquoi suis-je à mon aise ? parce que j'ai eu des parents qui sont morts en me laissant leur **avoir**. *C'est de ma famille que je tiens tout ; c'est elle qui aura tout :* je ne déshériterai jamais ma famille, elle pourrait me maudire et elle aurait raison. La loi est bonne pour tout le monde, le lien du sang doit être sacré. »

Elle mourut donc **ab intestat**, c'est-à-dire sans avoir fait de testament, laissant aller les choses comme elles devaient. Sa succession était **collatérale** (1) ; ses héritiers, des **collatéraux** (2).

Du côté de son père, elle avait deux cousins germains, quatre cousins issus de germains, et beaucoup de petits-cousins.

Du côté de sa mère, elle n'avait pas de cousins germains, mais trois cousins et trois cousines issus de germains et des cousins encore plus éloignés.

Si vous voulez trouver vous-même quels furent ses héritiers (3), cherchez d'après les questions 145 et 146

Vous verrez du reste la suite dans un prochain récit (Voyez pages 117 et 120).

VINGT-DEUXIÈME LEÇON.

SCELLÉS.

155. On appelle ainsi les **sceaux** ou **cachets** que le juge de paix appose sur les effets ou objets d'une succession.

(1) Questions 141 et 150.
(2) Questions 142 et 150.
(3) Question 142.

[819]. — 156. Si tous les héritiers sont présents et majeurs, l'**apposition des scellés** n'est pas nécessaire.

157. Si les héritiers ne sont pas tous présents, s'il y a parmi eux des mineurs ou interdits, non pourvus de tuteurs, les scellés sont apposés dans le plus bref délai, soit à la requête des héritiers (sur leur demande), soit à la diligence du parquet par les soins du Procureur de la République, soit d'**office**, pour obéir à la loi, par le juge de paix.

[820]. — 158. Les créanciers peuvent aussi requérir, réclamer l'apposition des scellés, en vertu d'un titre exécutoire, c'est-à-dire d'un écrit établissant leur créance, et portant la formule exécutoire, ou en vertu d'une permission du juge.

[821]. — 159. *Tout créancier peut s'opposer à ce que les scellés soient levés hors de sa présence.*

160. Les scellés sont **levés** par le juge de paix sur la réquisition et en présence de toutes les personnes représentant la succession.

Exercices oraux ou écrits.

155. Qu'appelez-vous scellés ?
156. Quand est-ce que l'apposition des scellés n'est pas nécessaire ?
157. Quand est-elle nécessaire ?
158. Qui peut encore demander l'apposition des scellés ?
159. Qui peut faire opposition à la levée des scellés ?
160. Qui lève les scellés ?

VINGT-TROISIÈME LEÇON.

CONSEIL DE FAMILLE. — TUTEUR. — SUBROGÉ-TUTEUR. ÉMANCIPATION.

161. On appelle **tuteur** la personne désignée ou nommée, conformément à la loi, pour prendre soin de la personne du mineur non émancipé, le représenter et administrer ses biens.

[2121]. — 162. Tout tuteur est grevé sur ses biens

d'un droit d'**hypothèque légale** au profit de son pupille ; cette hypothèse prend rang du jour de l'ouverture de la tutelle.

Elle n'a besoin d'être inscrite que dans l'année où le pupille arrive à sa majorité (*loi du* 23 *mars* 1855). Elle garantit au profit du mineur contre le tuteur l'administration de ce dernier et le compte qu'il doit en rendre, et qu'on nomme *compte de tutelle*.

VINGT-QUATRIÈME LEÇON.

Tuteur légal.

[**390**]. — 163. Après la dissolution du mariage, arrivée par la mort de l'un des époux, la **tutelle** des enfants mineurs et non émancipés appartient de plein droit au survivant des père et mère, c'est-à-dire au père s'il est veuf à la mère si elle est veuve.

[384]. — Le père durant le mariage, et après la dissolution du mariage, le survivant des père et mère, ont la jouissance des biens de leurs enfants, jusqu'à ce que ceux-ci aient l'âge de dix-huit ans accomplis, ou jusqu'à l'émancipation qui pourrait avoir lieu avant cet âge. — C'est ce qu'on nomme **jouissance légale.**

[**402**]. — Après le décès du dernier vivant des père et mère, la tutelle appartient de droit à l'aïeul paternel, et à son défaut à l'aïeul maternel.

164. Le tuteur déterminé par la loi dans les cas précédents, s'appelle tuteur **naturel et légal**, tutrice naturelle et légale, parce que sa qualité résulte à la fois de la nature et de la loi ; on dit aussi simplement **tuteur légal**, ce qui veut dire la même chose.

[**421**]. — 165. Le premier devoir du tuteur légal est de faire convoquer un **conseil de famille** pour nommer un **subrogé-tuteur.**

[**395**]. — 166. Si la mère tutrice veut se remarier, elle devra, avant l'acte de mariage, convoquer le *conseil de*

famille, qui décidera si la tutelle lui sera conservée.

[386]. — La mère tutrice qui se remarie perd la jouissance légale des biens de ses enfants

Tuteur datif.

167. On appelle **tuteur datif**, c'est-à-dire donné, nommé par élection, le tuteur autre que les ascendants qui sont désignés par la loi.

[405-422]. — Lorsqu'un enfant mineur restera sans père ni mère, ni ascendant, ni tuteur, un tuteur sera nommé par un conseil de famille, qui nommera en même temps le subrogé-tuteur.

Subrogé-tuteur.

[420]. — 168. Dans toute tutelle il y a un **subrogé-tuteur** nommé par le conseil de famille.

169. Ses fonctions consistent à agir pour les intérêts du mineur, lorsqu'ils sont en opposition avec ceux du tuteur.

[423]. — Hors le cas où il est frère germain, le subrogé-tuteur est toujours pris dans la ligne à laquelle le tuteur n'appartient pas : dans la ligne maternelle, si le tuteur est de la ligne paternelle, et réciproquement.

[451-452]. — Lorsqu'a lieu l'inventaire et la vente du mobilier des défunts parents du pupille, le subrogé-tuteur y assiste.

VINGT-CINQUIÈME LEÇON

Conseil de famille

[407]. — 170. Le **conseil de famille** est composé du **juge de paix** et de **six parents** ou alliés, pris tant

dans la commune où la tutelle sera ouverte, que dans les environs, à la distance de deux myriamètres (20 kilomètres). Ces parents ou alliés sont pris, moitié du côté paternel, moitié du côté maternel et en suivant l'ordre de proximité dans chaque ligne, c'est-à-dire en commençant par les plus proches.

[**408**]. — Les frères germains et maris des sœurs germaines du mineur font partie du conseil sans limitation de nombre.

[**409**]. — S'il n'y a pas assez de parents, on prend des **amis**.

[**410** à **416**]. — **171**. Le juge de paix règle la composition du conseil de famille, il fixe le moment de la réunion, et il le préside avec voix délibérative et prépondérante en cas de partage. En d'autres termes, dans le conseil de famille, c'est l'avis de la majorité qui l'emporte ; la voix du juge de paix est comptée dans ce nombre, et s'il y a autant de voix d'un côté que de l'autre, le côté où se trouve le juge de paix est celui qui a le dessus.

VINGT-SIXIÈME LEÇON.

Émancipation

[**476**]. — 172. Le mineur est émancipé de plein droit par le mariage.

[**477**]. — 173. Le mineur, même non marié, peut être émancipé par son père, ou, à défaut de père, par sa mère, lorsqu'il a atteint quinze ans.

[**478**]. — Le mineur, resté sans père ni mère, peut être émancipé à dix-huit ans, si le conseil de famille l'en juge digne.

[**480-482**]. — **174**. Le conseil de famille nomme au mineur après l'**émancipation**, un **curateur** dont l'assistance lui est nécessaire pour recevoir son **compte de tutelle** qui doit lui être rendu à ce moment-là, et toucher un **capital mobilier**, c'est-à-dire une somme en argent autre que ses revenus.

[481]. — 175. Le mineur émancipé peut passer des baux de neuf ans et recevoir ses revenus.

Exercices oraux ou écrits.

161. Qu'appelez-vous tuteur?
162. De quel droit est-il grevé?
163. Expliquez ce que c'est que la jouissance légale?
164. Expliquez dans quel cas le tuteur est dit tuteur naturel et légal.
165. Quel est le premier devoir du tuteur légal?
166. Qu'arrive-t-il quand la mère tutrice veut se remarier?
167. Qu'est-ce que le tuteur datif? Par qui est-il nommé?

SUBROGÉ-TUTEUR.

168. Doit-il y avoir toujours un subrogé-tuteur? Par qui est-il nommé?
169. Quelles sont ses onctions

CONSEIL DE FAMILLE.

170. Comment se compose le conseil de famille?
171. Qui le règle et le préside?

ÉMANCIPATION.

172. Quand le mineur est-il émancipé de plein droit?
173. A quel âge et comment le mineur peut-il être émancipé?
174. Comment appelez-vous la personne qui est nommée pour l'assister?
175. Que peut faire le mineur émancipé

DEVOIRS DE RÉDACTION.

43. Donnez une idée des différents ordres de succession, et de ce qu'on appelle représentation.

44. Parlez de l'enfant posthume; définissez ses droits.

45. Exposez l'organisation adoptée par la loi pour protéger le mineur (tuteur naturel et légal, tuteur datif, subrogé-tuteur, conseil de famille). Citez un exemple, tiré soit de votre famille, soit des personnes de votre connaissance.

46. L'un de vos amis a un frère qui est devenu de bonne heure un jeune homme sérieux et rangé. Il a perdu sa mère; son père le juge digne d'être émancipé. Écrivez à votre ami pour lui expliquer ce que c'est que l'émancipation, quelles formalités sont nécessaires pour l'accomplir, et quels droits elle confère au mineur qui en est l'objet.

ACTE DE NOTORIÉTÉ

VINGT-SEPTIÈME LEÇON.

176. Un **acte de notoriété** est un acte passé devant un officier public et par lequel des témoins attestent un fait **notoire**, c'est-à-dire publiquement connu vrai.

177. On établit parfois des actes de notoriété après l'ouverture des successions. Dans ce cas, ils sont dressés par un notaire, et ils sont employés pour les usages ci-après :

1° Pour constater, quand il n'y a pas d'inventaire, le nombre et la qualité des héritiers ;

2° Pour constater qu'un individu décédé n'a pas laissé d'héritiers à réserve, c'est-à-dire ni descendants ni ascendants ;

3° Pour réparer les erreurs de noms, prénoms, professions, demeures, et droits des parties dans les actes.

178. A défaut d'inventaire, l'acte de notoriété est toujours nécessaire lorsque dans une succession il y a des rentes ou des valeurs nominatives, ou des créances dont les inscriptions seront à rayer.

Exercices oraux ou écrits.

176. Qu'est-ce que l'acte de notoriété?
177. Quand est-il employé ?
178. Quand est-il nécessaire ?

INVENTAIRE

VINGT-HUITIÈME LEÇON.

179. L'inventaire est l'**acte extrajudiciaire** et **solennel** qui est dressé par un notaire pour constater l'*actif* (les biens ou créances) et le *passif* (les dettes) d'une succession ou d'une communauté d'époux.

Extrajudiciaire veut dire fait en dehors d'une instance d'un procès.

Solennel veut dire avec un *appareil*, un cérémonial exigé par la loi.

CAS OU L'INVENTAIRE EST NÉCESSAIRE APRÈS UN DÉCÈS.

180. **L'inventaire** est nécessaire :

[819]. — 1° Lorsque les héritiers ne sont pas tous présents.

On fait alors commettre, désigner par le président du tribunal un notaire pour représenter les absents.

[451]. — 2° Lorsqu'il y a parmi les héritiers des mineurs ou interdits.

[1442]. — Dans ce cas, si l'époux survivant néglige de faire dresser l'inventaire, il perd la jouissance légale des revenus de ses enfants mineurs.

[793-794-1415]. — 3° Lorsque l'héritier a déclaré accepter la succession sous bénéfice d'inventaire ou qu'il veut se réserver la faculté de l'accepter ainsi, c'est-à-dire de n'être tenu de payer les dettes que jusqu'à concurrence (jusqu'au chiffre) de l'actif.

[1442-1499-1504]. — 4° Lorsqu'au nombre des héritiers se trouvent des personnes mariées, dans ce cas l'inventaire a pour objet de *constater leurs reprises*, de constater ce que l'époux survivant retire, reprend, comme lui appartenant.

[1456]. — 5° Lorsque la femme survivante veut conserver la faculté de renoncer à la communauté, par exemple quand elle craint qu'il y ait plus de *dettes* que de *biens*, et qu'elle n'est pas décidée à les accepter.

[821]. — 6° Lorsqu'il y a des créanciers opposants aux scellés ; c'est-à-dire ne voulant pas que les scellés soient levés hors de leur présence.

[600]. — 7° Au commencement de tout usufruit, par exemple quand l'époux survivant est donataire ou légataire de l'usufruit de tout ou partie de la succession (quand il reçoit à titre de don ou de legs cet usufruit).

DÉLAIS.

181. L'inventaire ne peut être fait que **trois jours après l'inhumation**, ou trois jours après l'apposition des scellés.

[**451**]. — 182. Le tuteur doit faire procéder à l'inventaire dans les **dix jours** à compter de sa nomination.

[**795-1456**]. — 183. L'héritier et la veuve ont **trois mois** pour faire inventaire; ils ont **quarante jours** après la clôture de l'inventaire pour délibérer sur le parti qu'ils prendront d'accepter la succession ou d'y renoncer.

FORME.

184. L'inventaire se compose de *quatre parties* bien distinctes :

La *première*, qu'on nomme **intitulé**, comprend la constatation des noms et qualités.

La *deuxième* comprend la **description** et **l'estimation** ou **prisée** du mobilier (meubles, linge, effets, marchandises, bestiaux, outils, etc.).

La *troisième* comprend la description ou **analyse** des papiers, titres et valeurs mobilières.

La *quatrième* comprend les **déclarations** diverses que les parties peuvent avoir à faire sur les faits intéressant la communauté ou la succession.

Souvent une grande partie de ces déclarations est faite à la suite de l'analyse de chaque titre.

Exercices oraux ou écrits.

179. Qu'est-ce que l'inventaire après décès?

180. Quand est-il nécessaire?

181. Dans quel délai l'inventaire peut-il être fait?

182. Quel est le délai pour le tuteur

183. Quel est le délai pour l'héritier et la veuve?

184. De combien de parties se compose l'inventaire? Expliquez-les.

PARTAGE DE SUCCESSION

VINGT-NEUVIÈME LEÇON.

185. On appelle **liquidation**, le règlement des droits des *copartageants;* c'est une opération qui précède le partage.

186. Le **partage** est la division d'une chose qui appartient en commun à plusieurs personnes.

C'est l'acte qui fait cesser l'**indivision** entre les cohéritiers ou copropriétaires des mêmes biens.

[**815**]. — 187. Nul ne peut être contraint à demeurer dans l'indivision; et le partage peut toujours être provoqué par chacun des intéressés.

On peut cependant convenir de suspendre le partage, mais pour cinq ans au plus; cette convention peut être renouvelée, de façon à durer autant qu'il plaît aux intéressés.

[**826-827**]. — 188. Chacun des cohéritiers peut demander sa **part en nature** des meubles et immeubles;

A moins que la vente du mobilier ne soit nécessaire pour l'acquit des dettes, et que les immeubles ne puissent se partager commodément.

[**832**]. — 189. Dans la formation et composition des lots, on doit éviter autant que possible de morceler les héritages et de diviser les exploitations, et il convient de faire entrer dans chaque lot, s'il se peut, la même quantité de meubles, d'immeubles, de droits ou de créances de même nature et valeur.

[**833**]. — 190. Quand les lots en nature sont inégaux, on complète les plus faibles en y ajoutant une rente ou une somme d'argent. Ce complément s'appelle *retour* de partage, ou *soulte* (1).

(1) Voyez la question 81 et sa note.

[2103]. — 191. Le **retour** ou **soulte** de partage est garanti par un droit de privilège sur le lot qui doit le payer au profit du lot qui le reçoit ;

Ce privilège est conservé moyennant une inscription prise au bureau des hypothèques dans les quarante-cinq jours de l'acte (*loi du* 23 *mars* 1855).

192. Le partage peut être fait à l'amiable quand tous les cohéritiers sont majeurs non interdits et présents ; il peut alors être fait par acte authentique ou sous seing privé, au gré des parties.

[838]. — 193. Quand il y a un ou plusieurs cohéritiers mineurs ou interdits, ou non présents, le partage ne peut avoir lieu qu'avec les formalités judiciaires.

[883]. — 194. Le partage n'est pas translatif de propriété : ce n'est pas lui qui transfère la propriété ; en effet, cette mutation, ce transfert, a été opéré par le décès ; le copartageant, pour les biens qui forment son lot, succède directement au défunt, et est censé n'avoir jamais possédé les biens compris dans les autres lots. C'est pourquoi on dit que le partage est **déclaratif** de propriété.

LICITATION

TRENTIÈME LEÇON.

195. La **licitation** est la vente d'une chose commune.

[1686]. — 196. Si une chose commune à plusieurs ne peut être partagée commodément et sans perte ;

Ou si, dans un partage fait de gré à gré de biens communs, il s'en trouve quelques-uns qu'aucun des copartageants ne puisse ou ne veuille prendre,

La vente s'en fait aux enchères, et le prix en est partagé entre les propriétaires.

[1687-839]. — Chacun des copropriétaires est le maître de demander que les étrangers soient appelés à la **licitation** : ils sont nécessairement appelés lorsque l'un des copropriétaires est mineur. En effet, c'est le meilleur moyen de rendre les enchères fructueuses, de faire monter le produit de la licitation, et par conséquent de bonifier la part du mineur : *or, la loi se préoccupe surtout de sauvegarder les intérêts de ce dernier.*

197. Quand toutes les parties sont majeures, la vente de la chose commune peut être faite à l'amiable à l'un des copropriétaires.

Le copropriétaire qui se rend acquéreur de la chose commune est dit acquéreur **à titre de licitation**, et la vente prend le nom de *vente par licitation.*

198. Dans ce cas la licitation n'est pas sujette à transcription; elle prend tous les caractères du partage et devient non pas translative, mais **déclarative** de propriété.

199. Le prix est alors garanti par un privilège qui se conserve, comme le retour de partage, par une inscription prise au bureau des hypothèques dans les quarante-cinq jours de l'acte.

Exercices oraux ou écrits.

185. Qu'appelle-t-on liquidation?
186. Qu'est-ce que le partage ?
187. Peut-on être forcé de rester dans l'indivision?
188. Chaque cohéritier peut-il demander sa part des meubles et immeubles?
189. Que doit-on éviter dans la formation des lots?
190. Qu'appelez-vous retour ou soulte?
191. Comment sont garantis les retours ?
192. Quand le partage peut-il être fait à l'amiable ?
193. Quand doit-il être fait avec les formalités judiciaires?
194. Expliquez ces mots : le partage n'est pas translatif, mais déclaratif de propriété.

LICITATION.

195. Qu'est-ce que la licitation ?
196. Quand a-t-elle lieu? Comment?
197. Qu'appelez-vous vente par licitation?
198. Est-elle sujette à transcription?
199. Comment le prix en est-il garanti?

DIXIÈME RÉCIT

LES SUCCESSIONS. — PARTAGE.

II. — La cousine Rose (Suite du récit, page 118).

Voici comment se firent la **liquidation** et le **partage** (1), c'est-à-dire le compte et la distribution de la succession de la cousine Rose.

Le partage **en nature** des objets eux-mêmes ne put pas avoir lieu, les héritiers le jugèrent impossible (2) ; on vendit aux **enchères publiques** : c'est ce qui s'appelle la **licitation** (3).

Quand on eut payé les petites dettes courantes, il resta net 60,000 francs.

On divisa d'abord le total en deux parts égales (4), l'une pour les parents de la ligne (5) paternelle, 30,000 francs.

L'autre pour les parents de la ligne maternelle, 30,000 francs.

Du côté paternel les deux cousins germains étaient les plus proches en degré (6) ; tous deux étaient au quatrième, ces deux *têtes*, ces deux personnes héritaient seules de ce côté ; chacun eut la moitié des 30,000 francs qui revenaient à leur ligne, soit 15,000 francs pour l'un comme pour l'autre.

Du côté maternel les trois cousins et les trois cousines issus de germains étaient les plus proches en

(1) Questions 185 et 186.
(2) Question 188.
(3) Questions 195 et 196.
(4) Question 144.
(5) Question 147.
(6) Questions 145, 146 et 150.

degré, et ils étaient tous six au cinquième. Ils prirent donc chacun par tête, c'est-à-dire par personne bien qu'ils ne fussent pas frères et sœurs, un sixième des trente mille francs, soit chacun 5,000 fr.

Et les autres parents? Les autres n'eurent rien, ils n'héritaient pas parce qu'ils étaient plus éloignés en degrés.

Ce n'est pas juste, direz-vous! — **C'est la loi**, et *la loi n'est pas injuste*, d'abord parce qu'elle est la même pour tout le monde ; apprenez à la bien connaître avant de la blâmer.

Ensuite, réfléchissez un peu ; si on allait toujours chercher tous les parents, au lieu de se contenter des plus proches, alors les enfants devraient donc partager avec les neveux et les cousins ! Et puis, il y aurait des partageants à n'en plus finir : tous les parents les plus éloignés se lèveraient pour réclamer leur portion, et les successions s'éparpilleraient dans cent mains, sans profit pour personne.

Voyons maintenant quels furent les frais de ce partage. Tout est bon à savoir. Voici la note détaillée :

	fr.	c.
Timbre de la minute, quatre feuilles à 1 fr. 80...........	7	20
Enregistrement, droit gradué, un pour mille, 60 fr., avec les deux décimes 1/2..	75	»
Honoraires du notaire, un pour cent jusqu'à 50,000 fr., 500 fr., *demi pour cent au delà*, 50 fr. *total*............	550	»
Timbre de huit extraits de chacun deux feuilles, soit seize feuilles à 1 fr. 80......................................	28	80
Quatre rôles pour chaque extrait, total trente-deux rôles à 1 fr. 50..	48	»
Total.....	709	»

On divisa ces frais entre les héritiers *au prorata de leurs droits*, c'est-à-dire suivant qu'ils héritaient.

Les deux cousins de la ligne paternelle payèrent

ensemble moitié ou chacun un quart du total, 177 fr. 25.

Les six cousins et cousines maternels payèrent ensemble l'autre moitié, soit chacun un sixième de la moitié qui est un douzième du tout, 59 fr. 08.

Beaucoup de gens prétendent que le notaire les trompe, c'est parce qu'ils ne prennent pas la peine de se faire rien expliquer. **Sachez les choses :** *vous ne serez jamais trompés et vous ne croirez jamais l'être.*

DÉCLARATION DE SUCCESSION

TRENTE ET UNIÈME LEÇON.

200. Toute **succession** doit être **déclarée** dans les **six mois**, à dater du décès, au bureau de l'enregistrement ; on doit donner la situation des biens.

201. Pour le mobilier, les parties doivent présenter l'inventaire, ou, s'il n'en a pas été fait, un **état** estimatif détaillé, sur papier timbré, signé et certifié.

202. Pour les immeubles, les parties déclarent leur revenu d'après les baux s'il y en a, ou d'après évaluation.

Le capital pour le calcul des droits s'obtient en multipliant le revenu brut :

Par 25 s'il s'agit d'immeubles ruraux (*loi du 23 juin 1875*).

Par 20 s'il s'agit de propriétés bâties non considérées comme biens ruraux.

Exercices oraux ou écrits.

200. Où et dans quel délai toute succession doit-elle être déclarée?

201. Que présente-t-on pour le mobilier?

202. Que fait-on pour les immeubles?

ONZIÈME RÉCIT

LES SUCCESSIONS. — DROITS DE MUTATION.

III. — La cousine Rose (Suite.) Voir récits, pages 101 et 115.)

Je vois que vous désirez tout apprendre, mes amis, vous êtes studieux, c'est bien. Je vais donc vous dire maintenant quels furent les **droits de mutation** payés à la suite du décès de la cousine Rose ; ces droits forment l'impôt dû à l'État dans les six mois, chaque fois que par succession un bien passe de la tête du défunt à celle de ses héritiers (1). On appelle aussi cet impôt en langage vulgaire : *droits de mort — centième denier — amortissement.* — Il est dû par chaque héritier.

D'abord les deux cousins du côté paternel eurent à payer chacun 8 fr. 75 p. 100 : c'est le montant du droit du 4me degré ; à savoir 7 francs et les 2 décimes 1/2.

Ils héritaient de 15,000 francs chacun. Faites une règle de trois : divisez 15,000 francs par 100, et multipliez le quotient par 8,75. Cela vous donnera, pour la somme payée à l'État par chacun des deux cousins, 1,312 fr. 50.

Les six cousins et cousines issus de germains du côté maternel, étant au 5me degré, payaient 8 p. 100, sans compter 2 décimes 1/2 qui font 2 francs en plus. Total 10 p. 100, c'est-à-dire le dixième de la somme recueillie; comme ils avaient chacun 5,000 fr.

(1) Question 200.

le calcul est bien simple à faire ; cela donne pour chacun 500 francs. Comme ils étaient six, c'est au total 3,000 francs.

L'État, dans cette succession, avait donc sa bonne part d'héritage, et le receveur de l'enregistrement mit dans la caisse 5,625 francs.

C'est pour vous simplifier les choses que nous avons établi les calculs en nous basant sur le montant de la somme à hériter, car les déclarations de succession se font, vous l'avez vu page 116, en prenant pour base le revenu ; il se trouve qu'ici le résultat eût été le même.

Ces calculs, ces petits problèmes, enfants, ne les trouvez ni arides ni indignes de vous ; vous aurez à les faire si jamais vous héritez. Et puis, un jour, d'autres les feront après vous. Lorsque nous allions à l'école, nous qui sommes aujourd'hui vos maîtres, ces choses étaient comme des énigmes que les hommes de loi seuls savaient ; aussi les gens étaient toujours en défiance contre la loi qu'ils ne comprenaient pas, et contre ceux qui la leur appliquaient. Chacun se croyait facilement trompé et lésé : il en résultait de grandes querelles dans les familles, et de tristes procès. Mais aujourd'hui on vous fait voir, on vous enseigne tout ce qui est utile ; vous apprenez à comprendre la loi, à vous y soumettre de bon cœur, et à vous en servir pour arranger vos affaires à l'amiable et de bonne foi. *Regardez bien, écoutez de même, lisez attentivement et vous deviendrez des hommes prudents, faciles à accorder, sachant conduire avec sagesse les intérêts des vôtres, et respecter ceux d'autrui.*

DOUZIÈME RÉCIT

LES SUCCESSIONS AUX DESCENDANTS, AUX ASCENDANTS, COLLATÉRALES, MIXTES.

En *novembre* 1870, l'armée allemande forte de 60,000 hommes, sous les ordres du grand-duc de Mecklembourg, tentait son premier mouvement vers l'ouest. La droite s'appuyait à Houdan sur la vallée de la Vesgres, la gauche balayait sous Chartres le plateau Beauceron, le duc était au centre se dirigeant sur Dreux.

Devant ce torrent de dix lieues et pour lui barrer le passage, le patriotisme français avait jeté deux ou trois milliers d'hommes.

Ils pouvaient être pris comme dans un filet !.. Mais entre Berchères-sur-Vesgres et la Ville-l'Évêque, *quarante-deux francs-tireurs*, du bataillon Mocquart, sous la conduite d'un officier, tinrent en échec, pendant deux jours et demi, toute l'extrémité de l'aile droite allemande. Passant d'un village à un autre, se défilant à travers les bois et les plis de terrain, ils se multipliaient, tombaient à l'improviste sur l'ennemi et le harcelaient si bien, de jour et de nuit, que le mouvement de l'aile droite et par suite de l'armée entière, se trouva un instant paralysé par le dévouement héroïque de ces 42 hommes !

Ce fut assez pour empêcher les détachements qui avaient défendu Dreux d'être faits prisonniers.

O patrie! *le sang n'était pas figé dans les veines de tes enfants!*

Les francs-tireurs avaient chassé deux fois de suite l'ennemi du village de la Ville-l'Evêque. Le général allemand furieux s'en prit aux habitants, 17 *hommes furent arrêtés*.

On les menaça de mort s'ils ne révélaient pas le nombre et la nature des troupes françaises, et la direction qu'elles avaient prise en se retirant. *Tous restèrent muets*. Ce silence fut suivi d'un commandement sinistre : le fermier *Aulet* tomba le premier fusillé près de sa porte, devant sa femme et ses enfants ; son charretier tomba ensuite près de la porte de la grange, les 15 autres furent alignés devant un mur et roulèrent ensemble sous un feu de peloton.

Que de deuils pour un seul village ! toutes les familles étaient frappées. Sur ces 17 hommes foudroyés avec une brutalité sans exemple, dix étaient des gens encore jeunes, non établis, ayant leurs père et mère, et travaillant pour eux ; la succession de ceux-là n'était rien.

Voici quelle était la situation des autres :

Le **premier** laissait une veuve et cinq enfants mineurs. Ce qu'il possédait devait passer à ses enfants ; c'est la succession déférée aux descendants, on réunit un conseil de famille pour nommer un subrogé-tuteur, on fit un inventaire et dans les six mois on paya les droits de mutation. Tout ce que les deux époux possédaient avait été gagné, ils n'avaient pas de contrat de mariage, ils étaient donc sous le régime de la communauté légale ; la moitié revenait à la mère, l'autre moitié aux cinq enfants : la mère était leur tutrice naturelle et légale, elle avait la jouissance de la part de chaque enfant jusqu'à son âge de dix-huit ans.

Le **second**, fils unique, avait encore son père ; sa mère était morte depuis longtemps, sa grand'mère maternelle qui l'avait élevé était toujours vivante. Il y avait des oncles et tantes, des neveux et cousins; mais la succession du défunt appartenait pour moitié à son père et pour l'autre moitié à sa grand'mère maternelle.

C'est l'exemple d'une succession déférée aux ascendants; on fit un acte de notoriété puis un partage en deux lots égaux.

Le **troisième** laissait un frère et quatre sœurs; après la mort des père et mère il avait eu en partage une maison, depuis il avait acheté un champ et un pré. On fit un acte de notoriété et l'on vendit par licitation aux enchères publiques les trois immeubles dont on ne pouvait pas faire cinq lots. C'est l'exemple d'une succession collatérale.

Le **quatrième** laissait sa mère, une sœur, nommée Marie, deux neveux fils de sa sœur Julie décédée, et trois nièces filles de feu son frère Justin. — C'est une succession mixte, c'est-à-dire déférée à un ascendant et à des collatéraux.

La mère eut le quart, ou....................................	6/24ᵉ
La sœur Marie eut un tiers du reste, c'est-à-dire 1/4 du tout, puisqu'il restait 3/4, soit aussi....................	6/24ᵉ
Les deux enfants de la sœur Julie eurent ensemble une pareille portion comme représentant leur mère, soit pour chacun d'eux 3/24ᵉ....................................	3/24ᵉ 3/24ᵉ
Et les trois filles du frère Justin eurent aussi ensemble une part égale à celle de la sœur Marie, comme représentant leur père, ce qui donnait à chacune des trois 2/24ᵉ.......	2/24ᵉ 2/24ᵉ 2/24ᵉ
La division d'une succession n'est pas autre chose qu'une opération de fractions.	
Total égal.....	24/24ᵉ

On fit un inventaire et l'on jugea utile d'attendre; afin de partager avec les biens de la mère qui était prête à faire le partage anticipé des siens.

Le **cinquième**, hélas! laissait une jeune veuve, il n'avait pas encore d'enfant. Son plus proche parent dans la ligne paternelle était un oncle (3me degré), frère de son père ; il avait donc droit à moitié. Dans la ligne maternelle, les plus proches parents étaient six cousins issus de germains (5me degré) ; ils avaient droit ensemble à la moitié, ce qui faisait par tête un douzième du tout.

Le mari défunt et sa femme avaient eu la prudence de se donner par acte *l'usufruit de leurs biens*. On fit un inventaire sauf à prendre plus tard un arrangement équitable.

Voilà donc encore un exemple de succession collatérale et de plus l'usufruit donné à la veuve.

Le **sixième**, veuf sans enfants, avait encore son père ; dans la ligne maternelle il avait eu deux oncles, morts tous les deux, laissant l'un quatre enfants et l'autre sept, soit onze cousins germains.

Le père avait droit d'abord à la moitié revenant à sa ligne, ensuite à l'usufruit du tiers de l'autre moitié. Et cette autre moitié, ainsi grevée d'usufruit pour un tiers, revenait par égale portion à chacun des onze cousins; car il n'y a pas de représentation pour les cousins, au même degré ils forment des têtes égales.

C'est encore un exemple de succession mixte. Tout le monde était majeur, il n'y eut qu'un partage à faire.

Le **septième** avait encore son père, sa mère, et cinq frères et sœurs. Comme il avait gagné de très bonne heure de beaux gages, il possédait déjà un petit bien, il laissait donc une succession.

Le père et la mère avaient droit chacun à un quart, ensemble à la moitié ; et les cinq frères et sœurs avaient l'autre moitié, ou chacun un dixième du tout. Comme ils étaient encore mineurs, le père avait l'administration légale de leurs droits. Il fit un inventaire afin de leur rendre un compte fidèle à leur majorité.

Et c'est tout sans doute? Eh bien non! Ces dix-sept nobles victimes laissaient à leurs héritiers quelque chose de plus précieux... **l'exemple du devoir accompli!**

DEVOIRS DE RÉDACTION.

47. L'oncle d'un de vos camarades vient de mourir sans postérité. Il était veuf depuis plusieurs années, et il laisse, pour parents les plus proches, un frère qui est le père de votre ami, une sœur sans enfants et trois neveux d'un frère décédé. Expliquez par lettre à votre camarade ce qui va se passer au sujet des effets et objets mobiliers du défunt; désignez ses héritiers et quelle part chacun d'eux recevra dans la succession.

48. L'un de vos oncles, possesseur d'un patrimoine de 30,000 fr., loué à bail à un fermier moyennant 1,200 fr. par an, vient de mourir sans postérité. Il laisse pour parents les plus proches son père, une sœur et deux frères parmi lesquels est votre père. Tous les héritiers étant majeurs, ils décident de ne vendre l'héritage qu'à la fin du bail, qui a encore cinq ans à courir. Faites comprendre très clairement quelle sera la part de chaque héritier dans le capital et dans le revenu.

49. Faites le bordereau des frais de l'acte de partage d'une succession de 40,000 fr., sachant que les héritiers sont au nombre de six.

50. Une personne qui vient de mourir a pour héritiers son père, qui est veuf, et, dans la ligne maternelle, deux cousins germains fils d'une tante décédée, et trois cousins petits-fils d'un oncle décédé. L'un d'eux vous consulte au sujet du partage de l'héritage dont le total s'élève à 25,000 fr. Indiquez-lui par écrit : 1° qui hérite; 2° la part de chaque héritier dans la succession; 3° les droits de mutation qu'aura à payer chacun d'eux.

Richelieu à La Rochelle.
(Gravure extraite de l'*Histoire de France*, par M. Edgar Zevort).

L'ÉCONOMIE POLITIQUE

A L'ÉCOLE

PREMIÈRE LEÇON.

CE QUE C'EST QUE L'ÉCONOMIE POLITIQUE. — L'HOMME ET SES BESOINS.

1. **L'économie politique** est une **science** qui enseigne à l'homme le meilleur moyen de se créer des ressources et d'en tirer parti pour satisfaire à ses besoins.

2. L'homme naît avec toutes sortes de **besoins** : celui de *manger* et de *boire*; celui de se *vêtir*, de *s'abriter*, de se *chauffer*; de *s'éclairer* contre les ténèbres ; de *s'instruire* et de tout savoir ; de se distraire par des jeux, et d'embellir sa personne et ce qui l'entoure par des parures, par des ornements, par des œuvres d'*art*.

3. Heureusement ces *besoins* ne sont pas tous également forts ; ils ne s'éveillent pas non plus tous à la fois. Sans quoi dans les premiers temps, l'homme encore ignorant et sauvage n'aurait pas pu y suffire : il aurait succombé.

4. Les **premières nécessités de la vie** sont la *faim*, la *soif*, le *sommeil*. Pourvu que l'homme y satisfasse, il peut vivre : seulement sa vie alors est misérable comme celle des sauvages.

5. Les *besoins* qui s'éveillent les premiers sont ceux qu'on nomme *inférieurs*. Ce mot ne veut pas dire qu'ils sont méprisables ou déshonorants; car ils sont naturels. Seulement, ils sont les premiers auxquels il faut songer, comme lorsqu'on veut bâtir une maison il faut s'occuper d'abord des fondations.

6. Ils sont la base, la partie inférieure de la vie humaine.

7. Notre devoir est de travailler à satisfaire toutes les *exigences* de notre nature, en commençant par les plus impérieuses pour en éveiller et en satisfaire progressivement d'autres de plus en plus élevées. C'est là la **civilisation.**

8. L'état de celui qui a satisfait aux *besoins indispensables* se nomme **bien-être**. L'état de celui qui satisfait ses *besoins supérieurs*, ou qui travaille avec succès à les satisfaire, s'appelle **bonheur**.

L'ÉCONOMIE PRIVÉE. — COMMENT NOUS SOMMES TOUS DES ÉCONOMISTES.

9. **L'économie privée** est l'art de proportionner les dépenses aux gains, en d'autres termes, les *besoins* aux *ressources*, de façon à assurer à une famille le plus grand bien-être possible, pour le présent et pour l'avenir.

10. *Tout homme qui ne vit pas au jour le jour possède une économie privée;* en effet :

Il a *choisi un* **métier**, c'est-à-dire qu'il a étudié et comparé les diverses manières possibles de se procurer des ressources.

Il a *organisé son travail*, c'est-à-dire qu'il a expérimenté tous les moyens d'utiliser son temps et sa peine, en se levant tôt ou au contraire en travaillant tard, en restant seul ou en se faisant aider, etc. ;

Il a su *prévoir ses besoins* et ceux des siens ; il a calculé ce qu'il leur faut de nourriture, ce que dure chaque paire de souliers, etc., et il a choisi le genre de vêtements et d'aliments qui faisaient le meilleur usage chez lui.

11. Toutes ces remarques, et nombre d'autres semblables, constituent son *Économie privée*. Il y en a beaucoup, dans le nombre, qui ne peuvent servir qu'à lui. Il les a acquises par son expérience.

12. Mais il y en a aussi qui sont *vraies pour tout le monde*. En voici une, par exemple, que connaissent tous ceux qui ont su gagner honnêtement du bien-être : « **Bien mal acquis ne profite jamais** ». Les maximes de ce genre sont des vérités qui ont été éprouvées par quantité de personnes.

13. Maintenant, au lieu de ne consulter que notre expérience et celle des personnes que nous connaissons, si nous consultions l'*histoire*, c'est-à-dire l'expérience de toutes les nations, dans tous les temps, nous en apprendrions encore bien plus long sur l'économie. Les vérités que nous apprendrions ne seraient pas non plus bonnes pour un seul homme ou pour quelques personnes, elles seraient *utiles et applicables partout et pour tous*.

14. Voilà justement ce que font les *économistes*, et l'ensemble des vérités qu'ils recueillent ainsi forme une science : l'*Économie publique* ou *politique*.

Exercices oraux ou écrits.

1. Qu'est-ce que l'économie politique?
2. Énumérer les besoins principaux de l'homme.
3. Sont-ils tous également pressants? — Quel inconvénient en aurait-il résulté?
4. Quelles sont les premières nécessités de la vie?
5. Qu'est-ce que les besoins inférieurs?
6. Pourquoi les appelle-t-on inférieurs?
7. Quel devoir avons-nous à l'égard de nos besoins? — En quoi consiste la civilisation?
8. Qu'est-ce que le bien-être? — Le bonheur?
9. Qu'est-ce que l'économie privée?
10. A quoi reconnaît-on l'homme qui ne vit pas au jour le jour? — Qu'est-ce que de choisir un métier? — D'organiser son travail? — De prévoir ses besoins et ceux de sa famille?
11. A qui servent d'abord les remarques d'Économie privée?
12. Y a-t-il des remarques d'économie vraies pour tout le monde? — Citez un exemple.
13. Pour trouver des remarques de ce dernier genre, à qui faut-il s'adresser? — Qu'est-ce que l'histoire?
14. Comment appelle-t-on les savants qui font ces recherches?

PREMIER RÉCIT

Un voyage de vacances. — Ce qu'on apprend dans une Exposition universelle. — Les matières premières.

— Un, deux, trois, quatre,... dix, onze, douze! Nous voilà bien tous réunis. Un dernier mot, mes amis, et notre excursion scolaire commence. Le train part dans une heure.

La petite troupe ainsi interpellée par M. Lambert était composée des meilleurs écoliers d'un des quartiers de Paris. Ils avaient été désignés par leurs maîtres pour former une de ces gaies et studieuses caravanes qui vont, grâce à la générosité du **Conseil municipal**, à chaque retour des vacances, à travers la France, apprendre à la connaître, *elle*, ses *habitants*, ses *ressources*, à l'admirer et à l'aimer. Chacun avait son petit sac sur le dos, son bâton de marcheur à la main, et semblait décidé à faire le tour du monde avant de s'arrêter.

— Mes enfants, reprit le maître, il est inutile de vous dire que ce voyage n'est pas un simple amusement. Vous êtes déjà assez sérieux pour savoir que les vacances ne sont pas une occasion de ne rien faire et de tout oublier. Mais il ne s'agit pas non plus, bien entendu, de continuer purement et simplement les études ordinaires. Il s'agit d'apprendre des choses aussi utiles, mais que vous n'avez pas assez le temps d'apprendre le reste de l'année. *Savez-vous quelles sont ces choses?*

— Oui, Monsieur. C'est de faire des marches, comme les soldats!

— Pas mal répondu. Oui, jeunes fantassins du

bataillon scolaire : c'est un devoir de dégourdir vos jambes, et nous n'y manquerons pas. Mais ce n'est pas tout. Je dois vous apprendre une autre science encore, une science que je pourrais aussi bien vous enseigner à Paris, si nous avions encore au Champ-de-Mars une **Exposition universelle** comme en 1878. Vous pouvez vous la rappeler, car vous l'avez visitée, presque tous, et ces spectacles-là ne sortent

La petite troupe était composée des meilleurs écoliers.

pas aisément d'une jeune mémoire. Vous vous souvenez de ces **machines à vapeur géantes** qui donnaient le mouvement à tous les *mécanismes*, depuis les énormes *pompes* au bord de la Seine dont chaque coup de piston faisait jaillir mille litres d'eau, jusqu'aux roues délicates sur lesquelles les *lapidaires*, dans la galerie du fond, taillaient les *diamants?* Et cette *rue des Nations*, où s'étalaient tous les produits du globe ! A chaque pas, on croyait découvrir un monde nouveau, et l'on s'étonnait de l'innombrable variété des ressources que l'homme a su tirer en chaque point de la terre.

En sortant de là, pour ma part, je ne pouvais m'empêcher de dire : « *Voilà donc ce que peut le travail!* Lui seul a fait toutes ces richesses. Sans lui, la terre en contenait bien toujours les éléments, mais ils n'y étaient qu'à l'état brut. Le **charbon**, le **fer**, n'étaient que des pierres noires ou rouges, toutes également inutiles ; les terres n'étaient que des déserts stériles, des forêts dangereuses ou des marais malsains. L'Amérique du Nord, avant l'arrivée des Européens, était déjà ce qu'elle est : un des sols les plus fertiles du monde, un des plus riches en métaux de toutes sortes. Cependant les quelques milliers d'Indiens qui erraient à sa surface vivaient dans la dernière misère. C'est qu'ils n'étaient pas laborieux. Le **travail seul donne aux produits naturels une utilité** ; seul il les a appropriés aux besoins de l'homme. Toute l'histoire de la civilisation est dans ces quelques mots. *Mais comment le travail a-t-il pu produire de tels résultats? D'où lui vient cette force? Par quels moyens le progrès s'est-il accompli?* Voilà ce qui est curieux à savoir, voilà ce qu'il faudrait apprendre à des enfants, si on voulait les préparer dignement à travailler à leur tour pour la civilisation et le progrès. »

Je faisais ces réflexions tout haut. Vous vous en souvenez, Jean ; car vous étiez avec le groupe que je conduisais ce jour-là.

— Oui, Monsieur, je m'en souviens. Même je vous ai dit : « Oh ! Monsieur Lambert, j'aurais bien envie de savoir tout ce dont vous parlez là. Voulez-vous nous l'apprendre? » Alors vous m'avez dit : « Patience, mon enfant, grandissez d'abord. » Et au fait, il me semble, Monsieur, que maintenant....

— Il vous semble que vous avez suffisamment grandi. En effet, mon garçon, vous faites une belle pièce. Eh bien! je vais vous apprendre toutes ces choses. C'est justement la science dont je vous parlais tout à l'heure. Oui, j'aurais pu vous enseigner l'Economie politique à l'Exposition; mais le moment n'était pas venu. Aujourd'hui, c'est l'Exposition qui est partie; mais n'importe! Nous saurons en retrouver les morceaux essentiels. Ils sont répandus dans nos usines, dans nos mines, dans nos ports de commerce. Et nous allons voir un peu de tout cela. Voici justement l'heure du train.

DEVOIRS DE RÉDACTION.

1. Expliquez l'utilité de l'économie privée et publique. Faites le tableau d'une maison où il n'y a pas d'économie privée. Montrez les inconvénients de n'avoir pas su choisir son métier; de ne pas organiser son travail; de ne pas régler sa dépense.

2. Lettre d'un élève qui vient de visiter l'Exposition universelle.

3. Montrez par des exemples ce qu'est la puissance du travail. Faites voir que sans lui toutes les matières brutes seraient sans utilité.

DEUXIÈME LEÇON.

LE TRAVAIL. — NÉCESSITÉ DU TRAVAIL. — LA PRODUCTION.

1. *Toutes les choses utiles*, c'est-à-dire propres à satisfaire aux besoins de la vie, *se tirent de la terre par le travail.* Bien entendu, quand on parle de la terre, ici c'est le globe terrestre tout entier qu'on veut dire, y compris les fleuves et les mers : car l'eau potable, les poissons, l'huile de baleine ou de phoque, etc., sont bien certainement utiles.

2. Mais, d'un autre côté, les choses utiles ne viennent

pas d'elles-mêmes à point nommé : il faut savoir se les procurer, et les *approprier* à ses besoins. C'est ce qu'on nomme TRAVAILLER.

3. **On n'a rien sans travail.** Si j'ai soif, quand bien même un ruisseau coulerait à mes pieds, ce qui serait une chance, il faudra que je me baisse pour prendre l'eau dans le creux de ma main. C'est un bien petit travail ; c'en est un pourtant : et si j'étais cassé par l'âge ou brisé de fatigue, je m'en apercevrais bien.

4. *Le sauvage travaille peu* : il se contente de prendre le fruit qui s'offre à sa vue, de tuer le gibier qui passe à sa portée. Il n'utilise qu'un bien petit nombre de ressources parmi celles que la terre lui offre : aussi sa vie est-elle misérable.

5. *L'homme civilisé tire parti de toutes choses* : d'un morceau de roche rougeâtre, il fait une hache de bon acier ; de la liqueur dégorgée par un ver qui se fait son cocon, il tire de quoi fabriquer des étoffes de soie, légères et chaudes. Mais aussi il travaille plus et surtout mieux que le sauvage.

TRAVAIL INTELLECTUEL ET TRAVAIL PHYSIQUE.

6. **Il y a deux sortes de travail** : le travail *intellectuel*, ou travail de tête, et le travail *physique*, ou travail des bras. L'un ne va pas sans l'autre : pour utiliser un fruit, il ne suffit pas d'arriver à la branche qui le porte, et de l'arracher ; il faut encore *savoir* qu'il est bon, se rappeler qu'il a déjà servi d'aliment à nous ou à d'autres. Pour utiliser un gibier, il ne suffit pas de le prendre, il faut le cuire, et par conséquent connaître l'invention du feu.

7. **Une invention** est *la découverte d'une nouvelle chose utile.*

Ainsi celui qui imagina de faire des gravures avec la pointe d'une pierre sur des os de *renne*, trouva le moyen de satisfaire les goûts artistiques de l'homme. C'est là ce qu'on nomme un *progrès.*

8. *Toute invention est le fruit d'un travail intellectuel.* Le travail intellectuel est donc la véritable cause du progrès. C'est pourquoi aujourd'hui on travaille beaucoup de tête, et *le travail de tête est honoré* : il n'y a que les sauvages, et ceux qui leur ressemblent par l'ignorance, pour se figurer que le travail de tête n'est pas un travail.

DIVISION DU TRAVAIL : LA SOCIÉTÉ ET SES AVANTAGES.

9. Quand le travail a pour objet de mettre en valeur une matière susceptible de devenir utile, comme des *minerais de fer*, il est plus compliqué. Alors un homme seul n'est pas à même de faire tout le nécessaire : il faut se partager la besogne. C'est ce qu'on appelle *la division du travail.*

10. Pour pratiquer la division du travail, il faut être plusieurs, et de plus s'entendre ; c'est-à-dire qu'il faut **former une Société.** Robinson, seul sur son île, était bien forcé d'être à la fois *chasseur*, *pêcheur*, *cuisinier*, *maçon*, *tailleur* et le reste, s'il voulait *manger*, *s'abriter* et se *vêtir*.

11. L'homme aime la société par nature : seul et loin de ses semblables, il est triste et malheureux. Il doit aussi l'aimer par raison : c'est à elle qu'il doit la civilisation et tous ses avantages.

12. Dès que plusieurs personnes se trouvent réunies, elles se partagent les rôles : dans les familles les moins civilisées, l'homme chasse, pêche, fabrique les armes; la femme prépare les aliments, s'occupe des petits, fait les ustensiles de cuisine ; les enfants cherchent des fruits ou des œufs, ramassent du bois, etc. En un mot, *chacun prend la part de travail où il utilisera le mieux ses forces et son savoir-faire.*

13. Dans les industries modernes, la division du travail est extrême. Il y a des ouvriers dans les fabriques d'épingles, qui passent leur vie à faire des têtes d'épingles, sans jamais avoir fait une pointe. Une épingle

passe par les mains de 15 ouvriers avant d'être terminée. Il faut 36 ouvriers différents pour établir un piano; 40, pour une montre; 100 pour une pièce de cotonnade.

14. Pour que tous ces *coopérateurs* marchent bien ensemble, et que les pièces qu'ils font s'ajustent bien, il faut qu'ils soient organisés et guidés. De là vient qu'il faut des chefs, ou pour mieux dire, des *administrateurs*.

15. **L'administration est encore un travail de tête;** aussi est-ce un travail très difficile et très précieux; le proverbe dit: « *Un bon commandeur vaut dix travailleurs.* »

16. La division du travail a pour effet de *rendre le travail plus productif.*

En effet, d'abord l'ouvrier en s'appliquant toujours au même métier, devient *plus habile. L'Ecossais* **Adam Smith**, qui fonda au XVIIIe siècle l'*économie politique*, en donne un exemple intéressant: — Un forgeron, dit-il, qui se mettrait à faire des clous, en fabriquerait 200 ou 300 par jour, avec beaucoup de peine; et encore ses clous ne vaudraient pas grand'chose. En s'exerçant, il arriverait à 800 ou 1,000. Or, un enfant, élevé dans le métier de cloutier, avec ses faibles bras, en fait 2,300, tous réussis.

17. En outre, la *division du travail rend l'ouvrier plus laborieux*. Quand vous venez de terminer un travail, de scier une bûche, par exemple, vous êtes tout prêt pour entreprendre d'en scier une autre: vos outils sont réunis, et vous êtes « en train ». Il n'y aura donc pas de temps de perdu. Si au contraire vous changez de besogne, il vous faut ranger vos outils, en disposer d'autres; cela fait presque toujours un moment de flânerie; et si ces moments-là se répètent, on risque d'y prendre le goût de la paresse.

18. **Si l'ouvrier produit plus, il est le premier à en bénéficier**, comme de juste. D'abord, son salaire

augmente presque toujours ; l'ouvrier demande à être payé à proportion de l'ouvrage qu'il fait, et il a bien raison.

19. Ensuite, quand bien même le salaire n'augmenterait pas, le bien-être de l'ouvrier s'accroîtrait encore : en effet, si on arrivait à produire davantage, à faire plus de blé, plus de drap, plus de briques, etc., toutes les denrées abonderaient de plus en plus, et coûteraient de moins en moins cher : l'ouvrier pourrait donc, avec le même salaire, s'en procurer de plus en plus.

20. Son *pouvoir d'achat* aurait grandi. Tout en ayant toujours le même *salaire apparent*, il aurait un *salaire réel* de plus en plus satisfaisant.

Exercices oraux ou écrits.

1. D'où se tirent toutes les choses utiles ?
2. Définissez le travail.
3. Montrez qu'on n'a rien sans travail.
4. Le sauvage travaille-t-il beaucoup ? Pourquoi est-il misérable ?
5. L'homme civilisé est-il plus travailleur ? — Qu'est-ce qui fait augmenter le nombre de choses utiles ?
6. Combien y a-t-il de sortes de travail ? — Montrez qu'il n'y a pas de travail physique sans travail intellectuel.
7. Qu'est-ce qu'une invention ?
8. Quelle est la cause du progrès ? — Pourquoi honore-t-on le travail de tête ?
9. Quand un travail est compliqué, par quel moyen en vient-on à bout ?
10. Que faut-il former pour pratiquer la division du travail ?
11. Pourquoi l'homme aime-t-il la société ? Que lui doit-il ?
12. Qu'est-ce qu'on fait naturellement, quand on est plusieurs pour une même tâche ?
13. Combien d'ouvriers faut-il pour faire une épingle ?
14. A quoi servent les administrateurs ?
15. Administrer, est-ce un travail ? — Citez le proverbe.
16. Énumérez les bons effets de la division du travail. — Comment l'ouvrier devient-il habile ? — Citez l'exemple du cloutier. — Qui a trouvé cet exemple ?
17. Comment est-ce que la division du travail fait économiser le temps ? — Qu'arrive-t-il à un ouvrier qui change à chaque moment de besogne ?
18. Quand l'ouvrier produit davantage, qui est-ce qui en profite le premier ? — Son salaire augmente-t-il, et pourquoi ?
19. Qu'arriverait-il si l'on produisait plus de chaque chose ?
20. Que signifient ces mots : « le pouvoir d'achat ? » — Le salaire réel est-il la même chose que le salaire apparent ?

DEUXIÈME RÉCIT

Visite dans une usine. (Rapport d'un élève.)

En entrant dans la cour de l'usine, nous avons eu d'abord une grosse surprise: en l'air, au-dessus de nos têtes, se balançait une immense colonne d'acier. Elle avait bien 1 mètre de tour et 12 mètres de longueur. Elle luisait au soleil comme si elle avait été en argent. On la voyait descendre au bout de deux grosses chaînes, en avançant de notre côté. On aurait dit qu'elle nous avait vus, et qu'elle voulait nous empêcher d'entrer. Mais un monsieur, qui se tenait là et qui commandait à des ouvriers, nous fit signe d'approcher en disant qu'il n'y avait rien à craindre. Et en effet, elle s'arrêta comme à point nommé, et vint se coucher sur un grand wagon, juste entre des coussinets qu'on lui avait préparés. Le wagon était sur des rails; une petite locomotive s'avança pour l'accrocher, et en un instant locomotive, wagon et colonne d'acier sortirent par la porte où nous venions de passer.

Aussitôt que M. Lambert se fut fait connaître et qu'il nous eut présentés, le monsieur, qui était un **ingénieur**, tendit la main à notre maître en disant :

— Entrez, monsieur l'instituteur; vous êtes chez vous partout où il y a quelque chose de bon à apprendre à ces jeunes gens. Et c'est le cas ici, je l'espère. Vous venez déjà de voir un échantillon de notre travail; car le chargement d'une pièce comme l'arbre de couche destiné à la machine du vaisseau le *Duperré* n'est pas une de nos manœuvres les moins curieuses. Mais nous allons vous montrer mieux que cela, je l'espère.

Notre promenade à travers l'usine commença aussitôt. Elle dura longtemps, et je ne serais pas capable d'expliquer tout ce qu'on nous fit voir. Il y avait la salle de la fonte de l'acier, où se trouvent les *convertisseurs Martin :* ce sont de grands vases en forme de cornue, où l'acier bouillonne à grand

Notre promenade à travers l'usine commença aussitôt.

bruit comme l'eau d'une chaudière; en moins de trois quarts d'heure, plusieurs milliers de kilogrammes d'acier sont ainsi fondus; on ouvre alors une espèce de petite porte, et l'acier s'échappe d'un seul jet : on dirait un éclair. C'est une invention toute nouvelle, paraît-il : auparavant, on ne pouvait fondre l'acier que par petites masses. Maintenant, on peut faire des pièces énormes, comme celle que nous avions vue en entrant. Elles sont bien plus solides et de plus de durée que si elles étaient en fer, et l'on évite ainsi quantité de dépenses et d'accidents. C'est un bénéfice dont l'industrie est redevable à l'inventeur **Martin**.

Il y a aussi la salle du *puddlage*. Là, le sol est fait de grandes dalles. De loin en loin, il y a des dalles que l'on peut enlever. Dès qu'on le fait, il s'échappe par l'ouverture des flammes et surtout une lumière, une chaleur extraordinaires. Des hommes grands et forts s'avancent alors, par deux, ayant en main des tenailles de six pieds de long : ils les plongent par l'ouverture, et ramènent des moules en fer, où se trouvent des pièces d'acier. Les étincelles volent tout autour ; la chaleur devient terrible ; heureusement les *puddleurs* ont la précaution de s'envelopper le corps avec de la sparterie, et dès qu'ils ont fini de tirer une pièce, ils se plongent dans de grandes cuves d'eau. C'est un métier bien dangereux et bien fatigant. Ces hommes gagnent 10 et 12 francs par jour.

— Ce n'est pas que leur travail demande beaucoup d'intelligence, a dit M. l'ingénieur. Mais il y faut beaucoup de force. La force est rare, et *toute chose utile se paye à proportion de sa rareté*.

Nous avons vu aussi la grande *cheminée*, qui sert pour tous les feux de l'usine ; elle a 102 mètres de haut ; en bas, elle est grande comme une maison ; au sommet, il y a une couronne de fonte qui pèse plus de 30 quintaux. Elle a coûté très cher, mais comme elle remplace une vingtaine de cheminées ordinaires, et qu'elle a un tirage beaucoup plus puissant, il paraît que c'est encore une économie. — *Il y a toujours avantage*, nous a dit à cette occasion

M. l'ingénieur, *à centraliser les travaux de même nature*. Nous avons ici une équipe qui n'a pas d'autre occupation que de veiller au tirage des foyers de l'usine; aussi elle s'y entend, et elle ne cesse de perfectionner l'outil prodigieux dont nous lui avons donné la garde.

LES BIENFAITS DES MACHINES.

Mais ce qui nous a le plus intéressés, je crois, c'est un atelier où l'on travaillait à tailler une masse d'acier grosse de plusieurs mètres cubes. Toutes sortes de machines, des tarières, des rabots étaient occupés à la dresser, à la percer, à l'entamer. Il paraît qu'elle doit servir d'avant, d'*étrave*, à ce vaisseau de guerre dont on nous parlait depuis notre arrivée, le *Duperré*. Au milieu des ouvriers, un contre-maître, avec une *épure* devant lui, dirigeait tout le monde. Justement M. Lambert connaît ce contre-maître.

— Vous êtes venu admirer nos nouvelles machines, M. Lambert, dit-il. Eh bien! qu'en pensez-vous? Sont-elles assez belles, assez fortes, assez obéissantes? Voyez-moi ce *burin à vapeur*, comme à chaque va-et-vient il vous emporte son copeau d'acier de plusieurs mètres de long! Marche-t-il assez droit? Est-il assez docile à la volonté de son guide?

— Allons, ami Brunod, répondit M. Lambert, je vois que vous êtes toujours le même: vous aimez vos machines. Vous n'êtes pas de ces ouvriers qui disent que la machine fait concurrence à l'homme, et qu'entre les deux, c'est une lutte à mort.

— *C'est un préjugé d'autrefois, cela,* M. Lambert. C'était bon quand les machines ne faisaient que commencer, et qu'on ne savait pas ce qu'il en sortirait. *Aujourd'hui les ouvriers ne sont pas si sots !*

— J'aime à vous l'entendre dire. Et je crois bien qu'on n'en trouverait plus pour recommencer ce que voulurent faire, au commencement de ce siècle, les *canuts lyonnais.*

Jacquard.

— Oui, je sais, quand ils voulurent jeter au Rhône **Jacquard**, l'inventeur du nouveau métier à tisser. C'était plus qu'une sottise, cela, c'était un crime, M. Lambert.

— En effet, mon ami, et un double crime : porter la main sur un inventeur, c'est priver l'humanité d'un bienfaiteur, c'est retarder le soulagement de bien des misères. Les machines font parfois du tort à quelques personnes pendant un temps ; mais c'est pour produire aussitôt après un bien incomparable. La machine à filer, inventée en 1760 par **Arkwright**, a mis dans l'embarras 7,000 personnes employées alors à la fabrication des étoffes. Trente ans après, elle en faisait vivre 320,000 ; et aujourd'hui elle donne la subsistance à 2 millions d'êtres vivants, rien qu'en Angleterre.

— Je ne savais pas cela, M. Lambert ; mais ce que nous voyons bien ici par expérience, c'est que *tant vaut la machine, tant vaut le travail de l'homme :* et *tant vaut le travail, tant on le paye.*

— C'est fort bien dit. Les machines élèvent la valeur de l'homme et sa dignité. Dans les pays où on ne les emploie pas, c'est l'esclave qui en tient lieu. Grâce à elles, l'homme n'est plus une bête de somme :

ce qu'on lui demande, ce n'est plus tant de la force que de l'adresse, du sang-froid, du coup d'œil, en un mot, de l'intelligence.

En France, nous avons déjà 52,500 machines à vapeur, pouvant faire autant de travail que 70 millions d'ouvriers toujours robustes et bien portants : c'est comme si chacun des 10 millions d'ouvriers français avait sous ses ordres sept travailleurs de fer et d'acier. Voilà qui vaut mieux que des esclaves, n'est-ce pas, ami Brunod?

M. Brunod a approuvé en riant. Il nous a conseillé de grandir pour entrer vite en possession de notre lot d'esclaves à vapeur. Puis il a voulu serrer la main à chacun de nous, et nous sommes partis là-dessus, bien contents de ce que nous avions vu et entendu.

DEVOIRS DE RÉDACTION.

4. Montrez que la paresse est la vraie cause de la misère du sauvage. Prouvez que c'est le travail qui est le principe de la civilisation.

5. Des ouvriers ont brisé une machine nouvelle, en disant qu'elle leur enlèverait leur ouvrage. Vous écrivez à l'un d'entre eux, que vous connaissez, pour lui expliquer combien cet acte a été coupable et maladroit.

6. Un ouvrier épinglier se plaint, dans une lettre qu'il vous écrit, de la division du travail, qui astreint l'homme à ne faire qu'une même petite portion d'ouvrage : il trouve que ce métier ne lui permet pas de déployer son intelligence. Vous le consolez en lui montrant, dans une lettre, qu'avant les machines, l'ouvrier gagnait moins et s'épuisait dans des travaux de force qui l'abrutissaient bien plus. Aujourd'hui, sorti de l'atelier, il peut se récréer et s'élever l'esprit à la bibliothèque populaire.

7. Montrez que l'ouvrier, grâce aux machines, gagne davantage de deux façons : d'abord parce que son salaire apparent grossit, et puis parce que son pouvoir d'achat, c'est-à-dire la quantité de denrées qu'il peut acheter avec son salaire, s'accroît.

8. Racontez une visite dans une usine métallurgique.

TROISIÈME LEÇON.

LE COMMERCE ET LA MONNAIE.

1. *Si chacun produisait tout ce qui lui est nécessaire, et si chacun consommait tout ce qu'il produit*, il n'y aurait pas d'**échange**. Mais c'est là une chose impossible, à moins de vivre comme autant de *Robinsons:* ce qui exigerait un nombre incalculable d'îles désertes et de vaisseaux naufragés.

2. Dans l'état de civilisation, le travail est divisé : *chacun n'a qu'un métier ;* chacun ne produit qu'une partie des denrées qu'il consomme, et chacun ne consomme qu'une partie des denrées qu'il produit. L'ébéniste ne se nourrit pas des meubles qu'il fait; il lui faut, comme à tout le monde, du pain, de la viande, du vin, sans parler des habits et du logement. D'un autre côté, il ne lui faut qu'un lit, et il en fabrique des douzaines, dans sa vie.

De là est né *l'échange*.

3. Dans un échange, chacun donne une chose dont il peut se passer et en reçoit une dont il se passerait plus difficilement. Il y a donc *bénéfice pour tous les deux*.

L'ÉCHANGE.

4. **L'échange** étant une opération doublement bienfaisante, les pays où les échanges sont le plus actifs doivent être aussi les plus prospères. C'est ce qui a lieu en **Angleterre**, en **France**, et aux **États-Unis**: les trois pays où il y a le plus d'échanges et qui ont aussi le plus de bien-être.

5. Quand on échange directement les objets utiles, cet échange se nomme **troc**. Les sauvages n'en connaissent pas d'autre : aussi les trafiquants européens qui vont dans l'Afrique centrale acheter de l'ivoire et de la poudre

d'or, ont-ils soin d'emporter des fusils, des verroteries, de l'eau-de-vie, en un mot tout ce qui peut satisfaire les goûts des nègres.

6. Mais *le troc n'est pas toujours commode :* l'ébéniste, je suppose, vient de faire un lit; il a besoin de pain : il ira donc offrir son lit au boulanger. Ce sera un bien grand hasard si celui-ci demande un lit au même moment. De plus notre ébéniste désire, outre le pain, une paire de souliers : il ne peut pourtant pas offrir la moitié de son lit au *boulanger* et l'autre au *cordonnier*. C'est pour se tirer de cet embarras et faciliter les échanges qu'a été créée la monnaie.

LA MONNAIE.

7. Il a existé et il existe encore bien des espèces de monnaie : sur la côte orientale d'Afrique on se sert de coquillages nommés *cauris :* il en faut des milliers pour faire un franc ; au Congo, de pièces de cotonnade appelées *guinées;* à Angola, de *bouts de paille;* en Écosse autrefois, de *clous;* autour de la baie d'Hudson, de *fourrures*, etc. Mais ces monnaies ne sont pas toutes également bonnes.

8. Pour qu'une monnaie rende de grands services il faut qu'elle soit reçue, qu'elle *ait cours*, comme on dit, chez le plus de personnes possible. C'est ce qui arrivera moyennant les conditions suivantes :

9. 1° Que la quantité de monnaie soit justement limitée. Il ne faut pas que la monnaie soit une denrée *trop rare :* les *diamants*, par exemple, ni le *platine*, ne seraient pas une bonne monnaie, parce qu'il n'en existe pas assez pour qu'on puisse, en vendant un œuf, en obtenir un fragment pour acheter un quarteron d'épingles.

10. 2° Mais il ne faut pas non plus que la monnaie soit une denrée *trop commune* et trop facile à se procurer : sans quoi personne ne voudrait plus donner, en échange, des produits qui lui auraient coûté beaucoup de peine. Elle n'aurait plus cours.

11. 3° Il est bon que la monnaie soit plus *maniable*, plus *durable* et plus *divisible* que la plupart des autres denrées, puisqu'elle est destinée à suppléer celles-ci quand elles sont ou trop encombrantes, ou trop corruptibles, ou trop peu partageables.

12. **L'or** et **l'argent** satisfont à toutes ces conditions, et ils sont en outre agréables à la vue et au toucher.

13. On les partage en *pièces* de grosseurs variées, pour rendre tous les achats possibles; puis, pour garantir le poids et la pureté de ces pièces, on leur donne une forme et une marque déterminées: en général, ce sont les gouvernements qui *frappent* la monnaie, comme étant plus capables d'inspirer la confiance que des particuliers.

LA MONNAIE EST-ELLE LA RICHESSE ?

14. On confond souvent l'or et l'argent avec la richesse. C'est une erreur, **la monnaie n'est pas la richesse** : elle sert seulement pour aider aux échanges, faire circuler les richesses. En cela elle est utile, et comme toute chose utile, elle a de la valeur.

15. Plus il y a *d'échanges* de marchandises dans un pays, plus la monnaie rend de services, plus elle vaut; mais si personne n'avait plus rien à vendre, la monnaie ne servirait plus, et ne vaudrait plus rien

16. L'Espagne, avec toutes les mines d'or du Pérou et du Mexique, est devenue pauvre, parce qu'elle a cru qu'il suffisait d'avoir des métaux, et qu'il était inutile de songer au négoce. L'Allemagne a eu beau nous extorquer 5 milliards en 1871, elle n'en est pas devenue beaucoup plus prospère, parce qu'elle n'est pas devenue beaucoup plus industrieuse.

LE COMMERCE.

17. L'échange perfectionné avec l'aide de la monnaie s'appelle proprement le **commerce**.

Il existe au sujet du commerce beaucoup de préjugés.

Certaines personnes le méprisent. C'est une grande erreur.

18. C'est une niaiserie d'ailleurs e dédaigner le commerce. *Nous sommes tous en réalité commerçants*, au sens vulgaire du mot. L'agriculteur, son blé une fois récolté, fait le commerçant pour le vendre ; le fonctionnaire est en un sens un négociant qui vend à l'Etat ses talents administratifs ou autres. Et quand nous faisons nos achats, ne sommes-nous pas encore des commerçants? *Il faut être un commerçant habile*, sinon on fait tort à soi et aux siens.

19. D'autres disent : « Le commerçant est un voleur. Il e fait que prendre aux uns leurs produits, et les céder aux autres tels quels. Il ne produit rien, et il prélève un bénéfice comme s'il avait produit. C'est un *parasite*. »

Ceux qui parlent ainsi seraient bien embarrassés, si l'épicier leur disait : « Je ne veux pas vous voler ; je n'ai rien pour vous. Écrivez aux planteurs de Bourbon, si vous voulez du café, et au gouverneur de Java, si vous voulez du poivre. Ils vous en enverront quelques quintaux, contre la simple avance de quelques sacs de mille francs. Si la qualité ne vous plaît pas, vous en serez quitte pour écrire dans les mêmes conditions aux planteurs de la Martinique et de Cuba. De cette façon, vous n'aurez plus de parasite pour vous dévorer. »

LE COMMERÇANT REND DES SERVICES.

20. **Le négociant en effet rend de grands services** : il lui faut connaître les produits de tous les pays ; en savoir jour par jour les prix ; correspondre dans les langues les plus diverses ; avoir de l'argent pour payer des denrées qu'on lui paiera, à lui, seulement plus tard ; prévoir les besoins de la clientèle et deviner ses goûts.

21. Il est vrai que tout cela n'est pas l'affaire d'un seul négociant : le commissionnaire-importateur, le commerçant en gros, ses commis, le détaillant font

chacun sa part de la besogne. Mais enfin cette besogne est réelle ; c'est le corps des commerçants qui la fait ; et s'il en tire du bénéfice, ce bénéfice n'est pas un vol.

LA LIBERTÉ DU COMMERCE.

22. Mais, dit encore un préjugé populaire, le commerçant est *maître de faire ses prix;* il fixe son bénéfice, et ce bénéfice est vraiment trop fort. Les *bouchers* ont plus que doublé le prix de la viande depuis 1850 : le kilo de bœuf qui se vendait alors 17 sous, on le paye aujourd'hui 1 fr. 75 en gros. C'est un abus. Le gouvernement devrait interdire pareille chose. »

23. C'est-à-dire qu'il faudrait faire comme sous la Terreur, en 1793, quand la Convention décréta pour chaque marchandise un prix *maximum*, c'est-à-dire un prix que le vendeur n'avait pas le droit de dépasser. Qu'arriva-t-il?

24. Vous entriez chez un commerçant : la boutique était vide. Vous demandiez quelque objet, au prix du maximum ; on vous répondait : « Nous n'en avons plus. »

Alors il fallait prier, offrir davantage ; le marchand disait : « Peut-être m'en reste-t-il un peu, là, dans l'arrière-boutique ; mais au prix que vous dites, je me ruinerais. Et puis, je m'expose pour vous : il faut que je me couvre de mes risques : c'est tant. » Le prix naturellement était exorbitant.

25. Le marchand était réduit à se conduire comme un usurier. Le **maximum** *n'avait fait qu'augmenter la misère avec la cherté.*

26. L'État ne peut pas régler les prix des denrees. Ce prix est réglé par *l'offre et la demande.*

Un commerçant qui a une denrée à vendre commence par l'offrir à un prix qui lui assure le plus gros bénéfice possible. Si ce prix est excessif, ou bien les gens se passent de la denrée, et il n'y a pas de *demande* : alors, pour les attirer, il baisse ses prétentions, il *offre* à plus bas prix. Ou bien ils ne peuvent s'en passer, et alors le commerçant gagne beaucoup : mais sa prospérité donne à d'autres, aussitôt, l'idée de faire le même négoce; pour lui prendre ses clients, ils se contentent d'un plus petit bénéfice; et alors il faut que le premier négociant fasse comme eux, sinon il ne vendra plus.

LA CONCURRENCE.

27. C'est là ce qu'on appelle la **concurrence**. La concurrence contraint les commerçants à abaisser leurs prix jusqu'à ce qu'il ne leur reste plus qu'un bénéfice indispensable. Elle est donc toute au profit du consommateur.

28. Quand un État accorde à un particulier ou à une société le droit de faire un certain commerce, et défend aux autres de lui faire concurrence, il crée un **monopole**. Tout monopole vit aux dépens du consommateur, c'est-à-dire de tout le monde, hormis les monopoleurs.

29. Les commerçants des diverses nations peuvent se faire concurrence aussi bien que ceux d'une même nation. Quand un État interdit aux commerçants étrangers d'importer leurs produits pour faire concurrence à ceux des fabricants indigènes, il crée un monopole au profit de ces derniers et aux dépens des consommateurs qui sont tout le monde. C'est ce qu'on nomme une **prohibition**.

30. Quand les étrangers offrent à un pays une denrée à bon marché, et que les négociants de ce pays ne peuvent la donner au même prix, alors quelquefois l'État, pour empêcher cela, fait payer à la denrée étrangère de gros droits en douane; si bien qu'en fin de compte elle coûte aussi cher que le produit des négociants du pays.

On dit alors que l'État *protège* les fabricants indigènes. Cette protection aboutit à faire payer aux consommateurs plus qu'ils ne devraient. Mais les fabricants ne sont qu'une partie du public, tandis que les consommateurs sont tout le monde. *Elle protège donc quelques-uns aux dépens de tous les autres.*

31. Quand les droits de douanes sont assez modérés

pour ne pas empêcher la concurrence entre les divers pays, on dit qu'il y a liberté du commerce ou libre échange. Le libre-échange absolu n'existe nulle part encore ; mais l'Angleterre s'en rapproche plus que toute autre nation.

Exercices oraux ou écrits.

1. Que faudrait-il pour que l'échange fût inutile? Cela est-il possible?
2. Montrez que la division du travail rend les échanges nécessaires.
3. Qu'est-ce qu'on donne et qu'est-ce qu'on reçoit, dans un échange? — Pourquoi l'échange est-il avantageux?
4. Les pays où il y a le plus d'échanges sont-ils prospères? — Citez des exemples?
5. Qu'est-ce que le troc?
6. Pourquoi le troc n'est-il pas toujours praticable? — Pourquoi la monnaie est-elle venue en usage?
7. N'existe-t-il pas diverses sortes de monnaies suivant les pays? — Citez-en quelques-unes. — Sont-elles toutes également bonnes?
8. A quelle condition une monnaie est-elle bonne?
9. Pourquoi faut-il que la monnaie ne soit pas une denrée trop rare?
10. Pourquoi faut-il qu'elle ne soit pas une denrée trop commune?
11. Quelles sont les autres qualités d'une bonne monnaie?
12. Citez les deux meilleures monnaies connues?
13. Qu'est-ce qu'une pièce? — Qui est-ce qui les frappe? — Pourquoi?
14. La monnaie est-elle la richesse? — A quoi sert-elle?
15. Qu'arriverait-il à la monnaie si l'on ne faisait plus d'échanges?
16. Malgré quoi l'Espagne est-elle devenue pauvre, et pourquoi? — Même question pour l'Allemagne?
17. Qu'est-ce que le commerce? — Faut-il le mépriser?
18. Montrez par quelques exemples que tout le monde fait du commerce.
19. Pourquoi dit-on parfois que le négociant est un parasite? — Que pourrait répondre l'épicier?
20. Qu'est-ce qu'un négociant a besoin de savoir et de faire?
21. Énumérez les principales catégories d'hommes qui se partagent ce travail? — Leur bénéfice est-il volé?
22. Que disent ceux qui se plaignent que les négociants fixent eux-mêmes leurs prix? — Que voudraient-ils que fît le gouvernement?
23. Qu'était-ce que le maximum? — Quand exista-t-il?
24. Qu'en résultait-il quand on voulait faire un achat?
25. Comment se conduisait alors le marchand? — Qu'est-ce que le maximum avait fait augmenter?
26. Comment sont réglés les prix? — Qu'arrive-t-il si un négociant veut trop cher de sa marchandise?
27. A quoi est-ce que la concurrence contraint les commerçants?
28. Quand est-ce qu'un État crée un monopole? — Aux dépens de qui existe le monopole?
29. La concurrence peut-elle exister entre nations? — Qu'est-ce que la prohibition? — Montrez qu'elle crée un monopole. — Dites au profit de qui et aux dépens de qui?
30. Comment fait l'État pour protéger les négociants indigènes? — A quoi aboutit cette protection?
31. Quand est-ce qu'il y a libre-échange? — Quelle est la nation qui s'en rapproche le plus?

TROISIÈME RÉCIT

Un port de mer.

Le spectacle de la mer frappa d'étonnement et d'admiration nos jeunes touristes parisiens : cette immense nappe bleue, qui, depuis vos pieds jusqu'aux limites de l'horizon, semble aller en montant pour rejoindre la voûte du ciel; les vagues qui roulent infatigablement les galets avec un bruit de chaînes qu'on traînerait, tout cela surprend et émerveille toujours les gens qui n'habitent pas sur les côtes. M. Lambert laissa un long moment ses élèves dans cette contemplation, sans la troubler par aucune parole. Mais ils se mirent à faire d'eux-mêmes leurs réflexions, une fois la première émotion passée.

— Que c'est grand, la mer! Comme ces vagues sont hautes! Qu'elles sont fortes! Ces quartiers de rochers, qui sont au pied des falaises, est-ce que ce sont les vagues qui les ont amenés là, Monsieur?

— Oui, mes enfants. Ce sont elles qui, dans les moments de tempête, ont miné les falaises que vous voyez derrière nous; il en est tombé des blocs entiers, plus grands que de hautes maisons. Ce sont elles qui ont brisé ces blocs, qui les ont réduits en quartiers comme ceux-ci. Ce sont elles encore qui roulent et qui broient les uns contre les autres ces quartiers, jusqu'à en faire des galets et enfin des grains de sable fin, qui sous vos pieds sont comme un tapis presque moelleux. Chaque année, elles rongent ainsi quelques pans de la falaise. Et il en est de même partout, sur des milliers et milliers de kilomètres de rivages...

Mais qu'avez-vous donc, Émile, à hocher ainsi la tête? A quoi pensez-vous, mon ami?

— Je pense, Monsieur, qu'alors la mer est bien forte, plus forte que les hommes. A côté de ce que vous nous dites là, de ces milliers de rochers que les vagues réduisent en grains de sable, le travail d'une usine n'est pas grand'chose. L'homme est bien petit là devant.

Le port du Havre.

— Peut-être, Émile, peut-être. Voyez-vous là-bas, vers l'horizon, ce point noir...

— Oui, Monsieur, il y a de la fumée au-dessus. On dirait une cheminée. Oh! mais c'est un *bateau à vapeur* qui vient...

— Vos yeux valent mieux que les miens, mon enfant. Je devinais cependant que c'était un *paquebot*. L'arrivée du courrier d'Amérique est annoncée dans le journal que j'ai acheté en arrivant. Eh bien!

pouvez-vous me dire sur quelles routes marche ce navire?

— Mais, Monsieur, il va sur la mer...

— Oui, Émile, sur la mer, sur les flots même agités, à travers les vents et les tempêtes. Il vient de New-York, à plus de mille lieues d'ici. Il est parti il y a onze jours, et dès le moment de son départ, le jour de son arrivée était fixé d'avance. Ni vents, ni courants n'ont rien pu pour le retarder; quoique depuis ce temps il n'ait plus vu la terre, il ne s'est pas égaré un instant, il n'a pas dévié d'une lieue hors de sa route; et pourtant elle n'est pas marquée par des poteaux indicateurs, cette route-là. Voilà ce que peuvent deux seulement d'entre les inventions humaines : la **boussole** et la **vapeur**.

Eh bien! qu'en dites-vous, Émile? trouvez-vous toujours que l'homme soit si impuissant en face de la mer?

Persuadez-vous bien ceci : la mer, pour l'homme civilisé, n'est ni un objet d'épouvante, ni un obstacle. C'est au contraire une grand'route, une route internationale. Et vous allez voir à quoi elle sert.

LES ENTREPÔTS.

En parlant ainsi, la petite troupe avait marché : on était arrivé aux *Docks*, qui sont d'immenses entrepôts où les navires déchargent leur cargaison. M. Lambert y introduisit ses élèves et leur fit tout parcourir. Il y avait une file immense, un kilomètre et plus, de magasins. Ici les balles de coton, empilées régulièrement en longues et hautes murailles qui rappelèrent aux jeunes visiteurs les falaises de tout à l'heure. Là les boucauts de café et de sucre, entassés en montagnes croulantes. Plus loin, les sacs de blé, alignés par régiments : il y en aurait eu de quoi faire une armée. M. Lambert expliquait la nature de chaque denrée et sa provenance :

— Ces blés, disait-il, arrivent des États-Unis, et ceux-là d'Autriche ; ces cotons, de l'Inde et encore des États-Unis ; ces sucres, de Cuba et de l'île de la Réunion. Voici des peaux de bœuf qui arrivent de la Plata. Ces tonneaux contiennent du minerai de cuivre amené du Chili, et ceux-là des nitrates pour engrais qu'on tire du Pérou. Dans les caves, qui s'étendent aussi loin et aussi large que les docks, nous verrons des barriques de rhum qui sont de la Jamaïque, et d'autres de pétrole qui sont un envoi de l'Amérique du Nord. L'Angleterre est représentée ici par ces charbons que vous apercevez là-bas; la Norwège par ces amas de belles planches de sapin ; la Chine et le Japon par des balles de soie qui sont enfermées dans des magasins à part. Les cinq parties du monde sont réunies là : et si je vous expliquais les voyages faits par chacun de ces tonneaux et de ces ballots, je vous ferais un cours de géographie universelle.

Maintenant, toutes ces denrées vont se disperser chez les détaillants de France. Dans quelques semaines, peut-être, un simple ouvrier, un petit employé, déjeunera de ce café et de ce sucre, avec un peu de ce blé transformé en pain ; il portera une chemise faite de ce coton; ce charbon aura servi à réchauffer son déjeuner, et la table où il mangera sera taillée dans ces planches de sapin. *Les cinq parties du monde seront ainsi à son service.*

Voilà, mes enfants, ce que fait **le commerce : il met à la disposition de chacun, les produits du monde entier.**

L'EXPORTATION ET L'IMPORTATION.

— Mais, Monsieur, si nous empruntons ainsi à tous les peuples leurs produits, il faut bien les payer.

— Sans doute, mon enfant.

— Eh bien! mais alors, nous nous ruinerons, à la fin. Nous n'aurons pas toujours de l'or ni de l'argent à leur donner en échange.

— Aussi n'est-ce ni de l'or, ni de l'argent que nous leur donnons. Nous leur envoyons nos denrées à nous, nos articles de Paris, nos meubles, nos livres, nos machines, toutes sortes de choses enfin que nous excellons à faire mieux que les autres. Chaque peuple a ses talents, chaque territoire a ses ressources, chacun fournit aux autres des choses que ceux-ci ne pourraient se procurer ni d'aussi bonne qualité, ni à aussi bon compte. Ainsi on se paie mutuellement en marchandises; on ne se sert d'or et d'argent que pour solder les différences.

Plus un peuple achète au dehors, plus il *importe*, comme on dit, plus il a de quoi satisfaire à tous ses besoins; **autrefois**, quand la récolte était mauvaise, il y avait famine, et les pauvres mouraient; **aujourd'hui**, on importe du blé russe, ou hongrois, ou américain, et tout est dit.

Mais pour **importer**, il faut payer, comme vous l'avez dit, mon ami. Pour cela, il faut **exporter**, c'est-à-dire qu'il faut avoir des clients à l'étranger, A cet effet, les négociants français ont des représentants de commerce dans toutes les villes importantes du monde; il y a également des journaux qui ont à l'étranger des correspondants. Toutes ces gens-là ont pour fonction principale de renseigner les négociants, et de leur dire par exemple :

« Ici, on aurait besoin de vins de France ; là, on prendrait de bon cœur des meubles français ; ailleurs, celui qui porterait de Paris, ou des armes, ou des livres, etc., trouverait à s'en défaire. »

Nous avons aussi dans tout l'univers des *consuls* qui envoient des renseignements pour nos commerçants, mais qui sont surtout là pour faire respecter leurs commis, et pour les faire payer au besoin. Sans leur protection, notre commerce d'exportation mourrait, et alors il ne faudrait plus songer à importer : *nous reviendrions au beau temps des famines périodiques.*

Les consuls ne suffisent pas. Un pays qui prospère veut vendre de plus en plus. Aussi nous avons des *explorateurs*, qui vont dans les pays inconnus, en Afrique par exemple, faire connaître aux nègres le nom français, les marchandises de la France. Ces sauvages deviennent nos clients : en leur offrant nos denrées, nous les habituons à travailler pour pouvoir en acheter; en les leur vendant loyalement et en exigeant un paiement loyal, nous leur apprenons l'honnêteté. **Le commerce est le grand instrument de la civilisation.** Soutenons donc bien les courageux Français qui vont ouvrir à notre commerce et à notre influence des pays sauvages, par exemple au Tonkin, au Sénégal, dans le Congo, à Madagascar, et dans tant d'autres pays.

DEVOIRS DE RÉDACTION.

9. Montrez que le commerce est une cause de prospérité pour les nations; expliquez le genre de travail particulier aux commerçants, et faites voir que leurs bénéfices sont la juste rétribution des services qu'ils rendent.

10. Le gouvernement doit-il fixer le prix des marchandises? Racontez ce que fut le régime du maximum.

11. Quel est le régime qui vaut le mieux pour exciter le commerce : prohibition, protection ou libre-échange? Le libre-échange n'est-il pas une cause de bon marché, et un remède contre les famines?

12. Qu'est-ce que des Docks? Qu'est-ce qu'on y voit? Comment y apprend-on à connaître les bienfaits du commerce?

QUATRIÈME LEÇON.

LA CONSOMMATION, L'ÉPARGNE, LA PROPRIÉTÉ.

1. Quand une chose utile a été *produite*, soit par l'agriculture, soit par l'industrie ; quand elle a été *distribuée*, grâce aux soins des commerçants, par petites portions entre les mains des particuliers qui en ont besoin, alors on la **consomme**. *Consommer un produit, c'est détruire l'utilité qu'il possédait.*

2. Quand nous mangeons un morceau de viande, quand nous usons des habits, quand nous lisons un livre, quand nous logeons dans une maison, nous consommons tous ces divers objets. La consommation est plus ou moins rapide, suivant les cas ; mais cela ne fait rien à l'affaire.

3. *Nous sommes tous consommateurs*, et il ne peut pas en être autrement, puisque nous avons tous des besoins.

4. Mais si la consommation est nécessaire, *il ne faut pas croire que toute consommation soit bonne*. Il y en a d'*utiles;* il y en a de *superflues* et même de *funestes*.

C'est une consommation utile de manger à sa faim ; c'en est une superflue de jeter un vêtement avant qu'il ne soit hors d'usage ; c'en est une funeste de boire sans soif, surtout des liqueurs alcooliques, qui ruinent la santé, et qui dégradent l'intelligence et le caractère.

LES MAUVAISES DÉPENSES.

5. On dit : « L'argent est rond, il est fait pour rouler. Les dépenses des riches sont toujours une bonne chose ; s'ils jettent leur bien par les fenêtres, les ouvriers, les marchands, sont là pour le ramasser. Si les riches, si le gouvernement qui est le premier richard de France, donnaient souvent des fêtes, il n'y aurait pas de chômage, et l'on trouverait à gagner sa vie. »

6. C'est là un préjugé. *Si l'argent est rond pour rouler*,

il est aussi plat, pour s'empiler. Si les riches jetaient le leur par les fenêtres, leurs poches seraient bientôt à sec; et si l'Etat en faisait autant, comme il n'a que ce que nous lui donnons par l'impôt, c'est nos poches à nous qui seraient vite retournées.

7. On dit : « La dépense fait marcher le commerce. » Ce n'est pas toujours ainsi. Si la dépense est mal employée, elle peut embarrasser le commerce plus qu'elle ne le fait aller.

8. Quand un particulier achète de la poudre, cela fait certainement gagner ceux qui la vendent, et leurs affaires vont; mais s'il la gaspille à donner des feux d'artifice, par pure vanité, c'est une *consommation improductive;* son argent est parti en fumée, il ne lui reviendra pas, et lui ne s'en servira plus pour faire marcher n'importe quel commerce.

Si au contraire il l'emploie à faire sauter des rochers, pour percer le mont Cenis par exemple, alors c'est une *consommation productive;* elle fera marcher le commerce, celle-là, puisqu'elle lui aura même ouvert une route nouvelle.

LES DÉPENSES SAGES.

9. Une consommation n'est justifiée que si elle est *productive.* Ainsi quand un homme se nourrit convenablement, parce qu'il est plus actif ensuite à la besogne : en France, on mange deux fois et demie plus de viande qu'il y a soixante ans; mais aussi on travaille plus et mieux, si bien que la richesse du pays a presque triplé (1).

(1) Voici les chiffres exacts :

Consommation annuelle de la viande :

En 1820, par habitant.................	24 fr. 35
En 1870, —	62 64

Valeur des successions de l'année :

En 1826, par habitant.................	44 fr. 28
En 1876, —	127 40

10. C'est encore une consommation très utile que de meubler confortablement sa maison, et de l'orner même d'œuvres d'art : d'abord *l'homme qui se plaît chez soi évite mille dépenses funestes;* ensuite il est content de lui, et par conséquent il a plus d'entrain à l'ouvrage ; enfin il fonde une famille et prépare des enfants qui, bien élevés, seront à leur tour de bons travailleurs.

11. C'est aussi une dépense excellente, que celle qui se fait pour embellir nos villes, pour enrichir nos musées, pour donner du brillant aux cérémonies publiques et surtout aux fêtes nationales : un peuple qui se plaît chez lui, et qui est fier de sa richesse, de ses arts, de sa force, est plus capable de se faire respecter, de défendre son territoire et ses droits ; il trouve la vie meilleure, et cela le rend plus allègre et plus dispos à l'ouvrage.

L'ÉPARGNE ET LE CAPITAL.

12. Dans l'état sauvage, l'homme ne produit qu'à peine ce qu'il lui faut pour sa consommation. Grâce aux machines, aujourd'hui le plus grand nombre produit plus qu'il ne peut consommer utilement sur-le-champ.

13. *L'homme qui se trouve avoir gagné plus qu'il ne lui faut peut réserver pour l'avenir une partie de ses gains.* C'est ce qui s'appelle **épargner**.

14. Celui qui n'a pas d'*épargne* ne peut songer qu'à satisfaire ses besoins les plus immédiats ; la faim, la soif ne lui laissent pas de répit. L'épargne permet à l'homme de songer à l'avenir et de travailler pour améliorer sa situation.

15. Avant qu'un sauvage ait songé à creuser un tronc d'arbre pour se faire un canot, il a fallu qu'il épargnât quelques provisions. Le premier qui a labouré et semé eut besoin d'avoir épargné d'avance de quoi se nourrir en attendant la moisson.

16. *Quand on consomme une épargne d'une manière pro-*

ductive, en vue de créer une chose utile nouvelle, cette épargne prend le nom de **capital**.

17. Plus les entreprises que l'homme tente deviennent vastes, plus il a besoin du capital. Pour construire le premier bateau, il n'a fallu comme capital que sept ou huit jours de nourriture. Mais pour percer l'isthme de Suez, il a fallu la valeur de 100 millions de journées d'ouvrier.

18. Pour utiliser un capital, il faut avoir une *entreprise fructueuse;* par exemple, quand le grand ingénieur **Thomé de Gamond** imagina le tunnel à percer sous la Manche, pour réunir l'Angleterre à la France par un chemin de fer, il découvrit le moyen d'employer utilement plusieurs centaines de millions de francs.

19. Celui qui trouve un bon emploi pour le capital n'est pas toujours celui qui a pu en mettre assez de côté : ainsi Thomé de Gamond ne pouvait pas avoir les 3 ou 400 millions qu'il faudra pour creuser le tunnel sous-marin.

20. D'autre part, celui qui a su mettre de côté une épargne n'est pas toujours celui qui découvre des entreprises où utiliser ses capitaux. Un employé, un ouvrier, qui réussit à mettre de côté 2 ou 300 francs dans son année, a assez à faire dans son métier sans se mettre sur les bras un commerce, une ferme ou une usine.

21. Par conséquent, *il est bon que le capital soit confié à ceux qui savent l'administrer au mieux.* C'est ce qui a lieu par le moyen du *prêt*, qu'on appelle aussi le *crédit*.

22. On voit donc à quel signe se reconnaît un prêt bien combiné : c'est quand l'*emprunteur* est à même d'utiliser le capital mieux que le *prêteur* ou *créditeur*.

L'INTÉRÊT DE L'ARGENT.

23. Le prêteur met l'emprunteur à même de réaliser son projet. Il lui rend donc un service. Tout service se paie. Le paiement du crédit se nomme le **loyer** du capital, quand ce capital est un *immeuble*, une terre qu'on a tra-

vaillée, une maison, etc. ; il s'appelle **intérêt**, quand le capital prêté est un bien *meuble*, surtout de la monnaie.

24. L'intérêt est d'autant plus fort que le capital est plus rare ; car le capital est une chose utile; et toute chose utile, nous l'avons vu, se paye en proportion de la rareté.

25. Dans les colonies, où il y a peu de gens riches et beaucoup de gens entreprenants, l'*intérêt est gros*. Ainsi en Australie, il est de 8 p. 100 au moins.

26. En Algérie, il était de 10 p. 100, il n'y a pas longtemps ; heureusement il est en baisse. En France, il est de 5 à 6 p. 100.

27. Mais *il ne faut placer son capital entre les mains d'autrui que lorsqu'on ne peut pas le faire valoir soi-même*. Les cultivateurs aiment acheter une vache, un cheval, une terre ; ils ont raison : *l'argent prospère sous l'œil du maître*.

LA PROPRIÉTÉ.

28. Le capital est la *propriété* de celui qui l'a épargné. En effet, *chacun est propriétaire de sa personne, de ses bras, de son savoir, de son travail;* si par ces moyens il a gagné quelque bien, il en est évidemment aussi le propriétaire; et les autres n'ont pas de droit là-dessus, puisqu'ils ne le lui ont pas donné.

29. Les *socialistes*, les *collectivistes*, pensent qu'il faudrait *abolir la propriété ;* ils disent qu'il faudrait *partager entre tous les fruits du travail de chacun*.

C'est là une erreur ; *en détruisant la propriété, on détruirait toute la civilisation*.

30. En effet, si chacun se disait : « Ce que j'épargnerai ne sera pas pour moi ; ce sera pour les autres, qui pourront être paresseux et se goberger à mes dépens; » alors *personne ne voudrait plus épargner*. Il n'y aurait plus de capital ; et sans capital, il n'y a ni entreprises ni progrès, nous l'avons vu.

31. De même, il ne faut pas songer à abolir les *héritages*,

quoique les collectivistes ne veuillent point en entendre parler. Si on se disait : « Mes enfants n'hériteront pas », on aurait beaucoup moins de cœur à amasser du bien, et en tout cas, sur le tard de la vie, on le gaspillerait ou on le donnerait, plutôt que de le laisser à des étrangers.

32. **Respectons donc le capital et la propriété,** *ce sont les bases de la prospérité des nations.*

33. Du reste, en France, nous n'avons pas grand'chose à craindre de ces théories. *Depuis* **1789,** *un nombre immense de simples* **ouvriers** *sont devenus* **propriétaires** : rien que pour les terres, elles appartiennent à plus de 3 millions de chefs de famille ; comme chaque famille a bien en moyenne 4 à 5 personnes, cela fait 13 à 14 millions de propriétaires de champs.

34. Puis il faudrait compter les propriétaires de maisons, dont on ne peut pas facilement calculer le nombre ; et enfin les propriétaires de boutiques, ceux qui ont des rentes sur l'État, des actions de chemins de fer ou d'autres valeurs, et même des livrets sur la Caisse d'épargne. Dès à présent, *la majorité des Français sont des propriétaires sérieux. Espérons que bientôt ils le seront tous.*

LA PRÉVOYANCE. — LA CAISSE D'ÉPARGNE SCOLAIRE.

35. Le sage **Franklin** dit : « *Si quelqu'un vous soutient que vous pouvez vous enrichir autrement que par le travail et l'épargne, chassez-le : c'est un empoisonneur.* »

36. Il faut s'habituer à l'épargne dès l'enfance.

Quand un enfant reçoit quelques sous de ses parents, s'il les dépense en friandises, il ne lui en reste rien le lendemain, excepté peut-être de petites habitudes de gourmandise et de dépense.

37. S'il met de côté ses sous, il les retrouvera plus tard pour un meilleur emploi : un sou épargné peut être le commencement d'une vie d'ordre et de prospérité.

38. Pour économiser un sou, il suffit de le confier à

l'instituteur, qui le place à la Caisse d'épargne scolaire.

Lorsqu'un élève a mis vingt sous, c'est-à-dire *un franc,* à la Caisse d'épargne scolaire, l'instituteur remet cette somme *à la grande Caisse d'épargne.* L'élève reçoit en échange un *livret,* et son nom est inscrit sur les registres de l'Etat, avec ceux des *déposants :* c'est un véritable honneur.

30. L'*apprenti* qui se présente avec un livret de Caisse d'épargne est toujours bien accueilli : on est sûr d'avance qu'il a de l'ordre.

Il y a huit ans seulement qu'on a commencé en France à fonder des Caisses d'épargne scolaires. Aujourd'hui il en existe déjà dans 10,000 écoles. Les jeunes déposants sont plus de 400,000, et entre eux tous ils ont déjà de côté **8 millions de francs.** C'est en épargnant un sou, deux sous, trois au plus, toutes les semaines, qu'ils ont réuni ce trésor dont chacun a sa part.

40. *Un enfant qui aurait pris, dès l'âge de sept ans, l'habitude de verser deux sous par semaine à la Caisse d'épargne scolaire, se trouverait, le jour de sa majorité, à la tête d'un petit capital de plus de* 100 *francs.*

LA CAISSE D'ÉPARGNE PUBLIQUE.

41. La grande Caisse d'épargne reçoit les économies depuis la somme de *un franc.*

On peut également prendre au bureau de poste des **timbres d'épargne** de deux sous. On les colle sur une carte préparée pour cela, et quand il y en a pour cinq francs, la **Caisse d'épargne postale** vous donne un livret.

42. C'est l'État qui répond de l'argent déposé dans les Caisses d'épargne. On peut le retirer aussitôt qu'on en a besoin, à condition de prévenir trois ou quatre jours d'avance.

43. La Caisse d'épargne *fait valoir* l'argent de ses déposants : chaque année, l'argent qu'on y a mis s'augmente d'un intérêt de 3 francs ou 3 fr. 50 pour 100

44. Plus de *quatre millions* de Français ont des livrets de Caisse d'épargne. La somme de leurs dépôts s'élève à un chiffre colossal : *un milliard huit cents millions de francs* (1,800,000,000 fr.); ce qui fait *quatre cents francs en moyenne pour chaque déposant.*

La plupart de ces déposants sont des ouvriers, des domestiques, des gens vivant de leur travail, et qui ont commencé par mettre un sou de côté.

LA CAISSE DES RETRAITES POUR LA VIEILLESSE.

45. Un jeune homme prévoyant songe longtemps d'avance à ses vieux jours. S'il a un peu de cœur, il ne voudra pas tomber par sa faute à la charge des siens, ni surtout être réduit à la honte de mendier.

46. Pour avoir une pension de retraite dans sa vieillesse, il faut prendre l'habitude de verser régulièrement une partie de ses économies à la *Caisse des retraites, chez le receveur des finances.*

47. Quand on va faire un versement, il faut avoir bien soin de porter avec soi : 1° son extrait de naissance ; 2° si on est mineur, une autorisation de ses père, mère ou tuteur; 3° si on est marié, l'extrait de naissance de sa femme et l'extrait du contrat de mariage.

En échange du versement, on vous remet un reçu. Il faut le porter à la préfecture ou à la sous-préfecture dans les vingt-quatre heures, pour le faire viser. Quand on en a pris le courant, ces formalités sont simples et vite remplies.

48. Un enfant qui, à partir de son entrée en apprentissage, à treize ans, mettrait de côté 2 francs chaque semaine pour la Caisse de retraites, aurait à cinquante ans une pension de 1,200 francs, tant qu'il vivrait; et de plus, après lui, ses héritiers recevraient une somme de 4,000 francs.

On a donc tout avantage à commencer jeune pour faire ses dépôts à la Caisse de retraites.

49. **Avec les caisses de l'État, on ne peut jamais rien perdre.** Depuis qu'elles existent, elles ont

rendu de très grands services. Les dépôts y sont en sûreté : c'est la fortune de la France qui en répond.

LES SOCIÉTÉS DE SECOURS MUTUELS ET D'ASSURANCES.

50. Les personnes prévoyantes, surtout les ouvriers, font bien de s'associer pour s'assurer des *secours mutuels* en cas de maladie ou d'infirmité. Chacun verse 1 ou 2 francs par mois : c'est ce qu'on appelle la cotisation.

51. Avec cet argent, la Société de secours mutuels vous paye, si vous tombez malade, votre médecin et vos remèdes, plus 20 ou 30 sous par jour. Vieux, elle vous fait aussi une petite pension pour vous aider.

52. Quand un *sociétaire* meurt, les associés paient son enterrement, et y assistent avec les décorations qui sont leurs *insignes* : c'est un honneur pour la famille. La Société accorde aussi des secours à la veuve du sociétaire mort.

53. On peut également *s'assurer contre l'incendie*, et contre les autres accidents comme la *grêle*, la *maladie des bestiaux*, etc. Il y a des Compagnies qui s'en chargent.

54. Chacun verse toutes les années une cotisation, suivant l'importance du troupeau, de la terre ou de la maison qu'il veut assurer. Ces cotisations forment un *fonds d'assurance*. Quand le malheur tombe sur un des associés, les Compagnies prennent là de quoi réparer sa perte.

PUISSANCE DE L'ASSOCIATION.

55. Les secours mutuels, les assurances et toutes les institutions de prévoyance seraient impossibles sans l'association. Les Compagnies d'assurances ne sont que des associations très vastes. La Caisse d'épargne et la Caisse de retraites ne subsistent que par l'appui de l'État, qui est *la grande association de tous les Français*.

56. Tout ce que les hommes font de grand, ils le font par l'association. Voyez le canal de Suez. Pour le creuser

M. de Lesseps avait besoin de 400 millions. Personne au monde, pas même M. de Rothschild, n'aurait voulu risquer une pareille somme.

Mais il y a quelqu'un de plus riche que M. de Rothschild : c'est M. Tout le monde. Eh bien! c'est à tout le monde que s'adressa M. de Lesseps

57. Voici comment : il ouvrit une **souscription publique** *à huit cent mille actions de* 500 *francs chacune;* en d'autres termes, il a dit ceci : « Que ceux qui ont des économies et qui veulent aider à faire le canal viennent m'apporter leur argent. J'accepterai toutes les sommes, même petites, pourvu qu'elles ne soient pas moindres de 500 francs. Ceux qui auront apporté de l'argent recevront en échange un papier qui leur servira de reçu; ces papiers se nommeront **actions**. Autant vous aurez versé de 500 francs, autant vous aurez d'actions. Les actionnaires seront les propriétaires du canal : quand les vaisseaux y passeront, l'argent qu'ils payeront sera pour les actionnaires. »

58. Ceux qui crurent M. de Lesseps et qui formèrent la **Compagnie du canal de Suez**, ne s'en repentent pas, puisque aujourd'hui, le canal prospère, et leurs actions leur rapportent de beaux revenus tous les ans.

59. C'est comme pour le **payement des 5 milliards** *que les Allemands nous ont extorqués en* **1871**, quand nous avons été épuisés, sans généraux, sans soldats, sans ressources. On a fait un **emprunt** : celui qui avait seulement 100 francs de côté (ou plutôt 82 fr. 50, car l'État faisait un rabais pour attirer les prêteurs) pouvait les apporter chez le trésorier-payeur; on lui donnait en échange un papier, un titre, pour toucher tous les ans *une rente de 5 francs. Il fallait cela pour faire partir les Prussiens de notre territoire*, ou du moins de la portion qu'ils consentaient à nous rendre, puisqu'ils ont gardé **l'Alsace et la Lorraine**. Quiconque avait le cœur français et quelques épargnes les porta pour **l'emprunt de la libération**. Ici même, mes enfants, j'ai vu vos parents porter ainsi leurs économies. Ton père à toi,

Charles, et l'oncle de Jacques, ont même fait avec moi le voyage à pied jusqu'à la ville, chacun de nous portant tout son petit magot dans sa bourse. Partout en France, et même hors de France, on en a fait autant. Et savez-vous ce qu'on offrit en un jour seulement que cela dura ?

Non, vous ne le concevriez jamais. C'est une somme tellement extraordinaire, qu'elle dépasse presque l'imagination.

Quiconque avait le cœur français porta ses épargnes pour la libération du territoire.

Sachez donc qu'on offrit à la France, toute mutilée et affaiblie qu'elle était, **quarante-trois milliards** de francs.

Cela se passait au mois de juillet 1872. Eh bien ! si, à ce moment-là, ceux qui avaient offert de l'argent à l'État s'étaient mis à le verser à raison de *un million de francs par jour*, il leur aurait fallu, pour payer non pas 43 milliards, mais seulement 5, continuer ainsi jusqu'au mois d'avril de l'année 1886, tous les jours pendant plus de treize ans.

Voilà ce que fait *l'association des petits capitaux*.

Exercices oraux ou écrits.

1. Qui est-ce qui produit les choses utiles? — Qui est-ce qui les distribue?
2. Définissez la consommation. — Donnez des exemples.
3. Sommes-nous tous consommateurs? — Pourquoi?
4. Toute consommation est-elle bonne? — Citez un exemple de consommation utile? — superflue? — funeste?
5. Que disent ceux qui prétendent que « l'argent est rond »?
6. Montrez que « l'argent est plat »? — Qu'arriverait-il si les riches gaspillaient? — Si l'État était prodigue?
7. La dépense fait-elle toujours marcher le commerce?
8. Faites voir comment la poudre peut être consommée d'une manière productive ou improductive?
9. Quand est-ce qu'une dépense est justifiée? — Consomme-t-on plus de viande en France aujourd'hui qu'autrefois? — Quel en est le résultat?
10. Pourquoi est-ce une consommation utile que de se meubler à son aise et à son goût?
11. Les embellissements des villes, les musées, les fêtes nationales, sont-ils des dépenses productives? — Pourquoi?
12. Qu'arrive-t-il pour la production et la consommation grâce aux machines?
13. Qu'est-ce que l'épargne?
14. Quel est l'état de celui qui n'a pas d'épargne? — Qu'est-ce que l'épargne permet à l'homme?
15. Montrez que pour faire le premier canot, pour cultiver la terre, il a fallu encore une épargne.
16. Quand est-ce que l'épargne prend le nom de capital?
17. Quand est-ce que le besoin du capital grandit? — Citez l'exemple du canal de Suez.
18. Que faut-il pour utiliser un capital? — Quel projet a découvert Thomé de Gramond?
19. Celui qui trouve un bon emploi pour le capital a-t-il toujours en main tout le capital qu'il lui faut?
20. Celui qui a un capital a-t-il toujours un bon emploi pour ce capital?
21. A qui doit être confié le capital? — Qu'est-ce que le prêt?
22. A quoi reconnaît-on un prêt bien combiné?
23. Quel service le prêteur rend-il à l'emprunteur? — Qu'est-ce que le loyer de l'intérêt?
24. Quand est-ce que l'intérêt devient fort? — Pourquoi?
25. L'intérêt est-il fort aux colonies?
26. En Algérie? — En France?
27. Quand est-ce qu'il faut prêter son capital? — Citez le proverbe.
28. De qui le capital est-il la propriété? — Pourquoi?
29. Que disent les socialistes et les collectivistes au sujet de la propriété? — Qu'arriverait-il si on la détruisait?
30. Montrez comment chacun se découragerait alors d'épargner.
31. Faut-il abolir les héritages? — Qu'arriverait-il alors?
32. Pourquoi faut-il respecter le capital et la propriété?
33. Y a-t-il beaucoup de propriétaires de terres en France? — Depuis quand sont-ils si nombreux?
34. Y a-t-il encore d'autres genres de propriétaires? — La majorité des Français sont-ils propriétaires?
35. Citez la maxime de Franklin sur la vraie manière de s'enrichir.
36. Quand faut-il commencer à s'habituer à l'épargne?
37. Que peut devenir un sou épargné?
38. Comment faut-il faire pour épargner un sou? — Que fait le maître, quand un élève a épargné un franc? — Qu'est-ce qu'on reçoit quand on dépose un franc

à la Caisse d'épargne? — Où sont inscrits les noms de ceux qui ont des livrets?

39. Quel est le bon moyen pour un apprenti de se faire bien accueillir quand il demande une place? — Pourquoi? — Depuis quand y a-t-il des Caisses d'épargne scolaire en France? — Combien en existe-t-il? — Combien de déposants? — A combien se montent leurs épargnes?

40. Qu'arriverait-il à un enfant qui aurait commencé à sept ans à mettre deux sous par semaine à la Caisse d'épargne scolaire?

41. A partir de quelle somme la grande Caisse d'épargne reçoit-elle? — Qu'est-ce que la Caisse d'épargne postale?

42. Qui répond de l'argent déposé dans les Caisses d'épargne? — Peut-on le retirer quand on en a besoin?

43. Quel intérêt la Caisse d'épargne donne-t-elle pour l'argent qu'on y dépose?

44. Combien y a-t-il de Français qui ont des livrets d'épargne? — Combien ont-ils d'argent en dépôt? — Qui sont ces déposants?

45. A quoi songe un jeune homme prévoyant?

46. Que faut-il faire pour avoir une retraite dans sa vieillesse?

47. Énumérez les formalités à remplir pour faire un versement à la Caisse des retraites.

48. Que faudrait-il faire pour avoir à 50 ans une pension de 1,200 fr.? Que laisserait-on à ses héritiers après sa mort?

49. Peut-on perdre avec les caisses de l'État? — Qu'est-ce qui répond de l'argent qu'on y dépose?

50. Qu'est-ce qu'on doit verser pour faire partie d'une Société de secours mutuels?

51. Énumérez les avantages que ces sociétés assurent à leurs membres dans la maladie, dans la vieillesse?

52 Que font-elles pour les sociétaires morts? — pour leurs veuves?

53. En vue de quoi peut-on encore s'associer?

54. Que faut-il faire pour être assuré? — Quel avantage y a-t-il à être assuré?

55. Qu'est-ce qui rend possible les institutions de prévoyance? — les Caisses d'épargne et de retraites? — Définissez l'État.

56. Que fallait-il à M. de Lesseps pour creuser le canal de Suez? — A qui s'adressa-t-il pour avoir cet argent? — Pourquoi?

57. Expliquez comment s'est fondée la Compagnie de Suez?

58. Qu'est-il arrivé aux actionnaires de la Compagnie de Suez?

59. Racontez comment s'est fait le payement des cinq milliards aux Allemands. — Donnez une idée de ce que font quarante-trois milliards.

QUATRIÈME RÉCIT

Un jour de paie. — L'ouvrier mécontent.

C'était le samedi soir, jour de paie. Les *porions* (1) arrivaient coup sur coup, par pleines *bennes* (2), du

(1) *Porions*, ouvriers mineurs.
(2) *Bennes*, grands tonneaux servant à monter du fond de la mine.

fond de la mine ; ils prenaient pied sur terre, avec des yeux éblouis par la lumière du soleil couchant, puis ils se dirigeaient encore tout chancelants vers le bureau, où le payeur à son guichet les attendait.

C'est dans ce bureau que M. Lambert avait installé ses jeunes voyageurs, avec la permission du directeur de la *houillère :* « Vous avez raison, M. l'instituteur, avait dit celui-ci, de vouloir que ces jeunes gens voient par leurs yeux comment se fait la *paie*. Il y a toujours beaucoup à apprendre avec les *comptables*, et ce jour-là surtout. »

Un employé appelait les noms ; au fur et à mesure le payeur prenait une feuille, où le compte de l'ouvrier appelé était tout préparé :

— Vous, Bernard, disait-il à l'un, vous avez six journées à 4 fr. 25 ; cela fait 25 fr. 50. Est-ce bien votre compte ?

— Oui, Monsieur, répondait l'ouvrier. Il empochait, et c'était au tour d'un autre.

La plupart avaient à peu près le même total, et leur affaire était vite réglée. Mais au bout d'un moment, le payeur rencontrant une feuille plus compliquée :

— Oh ! dit-il à l'ouvrier qui était devant lui, oh ! Simon, encore une semaine qui ne vaut pas grand'-chose. Nous avons manqué le lundi ; une grosse amende de 1 franc, le mercredi pour retard ; une plus forte le jeudi, 2 francs, et une autre encore aujourd'hui de 1 franc. Cela nous fait 9 fr. 25 de perte : votre semaine reste à 16 fr. 25. Est-ce bien juste ?

— Juste, oui, grommela Simon, juste de quoi payer le gargotier. Et se loger ? et s'habiller ?

Il ramassa son argent, et s'éloigna. Un *contre-maître* le retint par le bras en lui disant : « Tu devais bien un peu t'y attendre, Simon. Te voilà encore dans l'embarras. Je parie que tu as fait des dépenses au cabaret, pendant tes absences de la semaine. »

— Eh bien ! quoi, fit Simon, est-ce qu'on ne peut pas lever un peu le coude de temps en temps, pour se remonter le moral ? Avec une vie comme celle que nous font les patrons...,

— Eh bien ! quoi, est-ce qu'on ne peut pas lever un peu le coude pour se remonter le moral ?

— Mon ami, dit M. Lambert qui était sorti du bureau et qui s'approcha en ce moment, suivi à quelque distance par deux ou trois de ses jeunes compagnons, mon ami, vous êtes donc bien malheureux ? votre métier est donc bien mauvais ?

L'OUVRIER COLLECTIVISTE.

— Ils le sont tous, du moins pour nous autres

ouvriers. Si je suis malheureux?... Dites-moi, vous, si vous travailliez comme un esclave, si votre travail créait des trésors, et si, à mesure que vous les produisez, quelqu'un venait vous les prendre et à la place vous mettre dans la main juste de quoi ne pas crever de faim, juste de quoi recommencer le lendemain le même métier de forçat et de dupe, eh bien! je vous le demande, vous trouveriez-vous heureux? Votre métier vous semblerait-il bon?

— Il me semblerait détestable, et je n'y resterais pas un jour de plus. Mais ce que vous me racontez là, c'est une histoire d'esclaves, et il n'y en a plus en France; la **révolution** a délivré les derniers serfs dans la nuit du 4 août 1789.

— Vous croyez cela, vous? Eh bien! on en a refait depuis, des serfs, voilà tout. Tenez, cette mine, ce charbon qui est là à mille pieds sous terre, dites-moi combien cela vaudrait, si on le laissait où il est?

— Rien du tout, mon ami.

— Eh bien! je viens, moi, avec d'autres ouvriers, mes camarades. Ce charbon qui ne vaut rien, qui ne sert à rien, je vais l'attaquer: je vais à travers les ténèbres, au risque des *coups d'eau* et des *coups de grisou*, avec une chaleur qui me force à rester nu et qui me fait ruisseler la sueur sur le corps; j'attaque la houille à coups de pic, je l'amène jusqu'ici, où ceux qui ont de l'argent n'ont qu'à venir la prendre tranquillement pour se tenir ensuite bien chauds chez eux. J'en tire une tonne, deux tonnes par jour; on vend, sur le carreau de la mine, 12 francs, 15 francs la tonne. C'est donc 12 ou 15 francs que j'ai gagnés, puisque sans moi cette houille ne serait pas là. Eh bien! savez-vous ce qu'on me donne? Demandez au payeur: 4 fr. 25 par jour, et encore!..

Où va le reste? Au patron qui ne fait rien!...

— En êtes-vous si sûr, qu'il ne fait rien? Tenez, justement, je vois qu'on allume les lampes dans son cabinet. Il paraît qu'il est là. Je lui ai même entendu dire qu'il avait un gros travail, et qu'il veillerait jusqu'à minuit passé. Et vous, où allez-vous de ce pas? A quel ouvrage passez-vous la nuit?...

— J'admets qu'on paie le patron pour son travail. Mais il se vend ici, à ce que j'ai entendu dire, pour deux millions de charbon par an, et les ouvriers à eux tous ne touchent peut-être pas un million. Est-ce qu'il lui faut un million par an pour payer son travail, au patron?

— Eh! mon ami, s'il trouvait une machine nouvelle pour l'extraction du charbon, qui épargnerait la peine de cent mille ouvriers, ou une *lampe* comme celle de *Davy*, qui sauverait la vie à deux ou trois mille mineurs par an, le million ne serait pas de trop pour le payer!... Mais ce n'est pas le cas jusqu'à présent; et aussi je ne crois pas que M. le directeur touche un traitement si extraordinaire. Il faut déduire d'abord les frais d'entretien, le bois pour soutenir les *galeries*, les machines à épuiser l'eau, les ascenseurs pour les *bennes*, etc., etc. Cela mange bien la moitié de ce fameux million.

Et puis il y a les *actionnaires*. Vous n'y songez pas, aux actionnaires. Mais enfin il a bien fallu quelqu'un pour acheter le terrain de la mine, pour payer les *sondages* et faire reconnaître le *gisement*, pour établir les hangars, les bureaux, les machines, les puits avec leurs revêtements. Il a fallu plusieurs millions pour cela. Sans ce capital, il n'y aurait pas d'exploitation; et ce n'est pas vous qui auriez creusé tout seul, avec votre pic, un trou de 400 mètres pour aller chercher du charbon dans un panier et revenir l'offrir à 15 francs la tonne? Ce capital-là, avouez-le, camarade, il vous a rendu un fier service.

RESPECTONS LE CAPITAL.

— Ah! oui, le capital, parlons-en!... Est-ce que le capital devrait appartenir à quelques-uns, pendant que la plupart n'ont rien?

— *La plupart?*... Voilà un mot qui n'est pas sûr! En France, il y a plus de gens qui ont un capital, en terre, en maison, en boutique, en obligations, qu'il n'y a de gens sans rien devant eux. **Les capitalistes sont la majorité, depuis la Révolution.**

— Eh bien! c'est ce qu'il ne faudrait pas Tous capitalistes, voilà la vérité. La terre, les mines, les récoltes et tout ce qui s'ensuit, tous les biens, en un mot, devraient appartenir à tous. Pourquoi y a-t-il des pauvres et des riches?

— Pourquoi, camarade? Cela dépend sans doute de bien des causes, et souvent le pauvre est à plaindre et non à blâmer. Mais pour cette fois-ci, je pourrais vous dire :

« Le *pourquoi*, le payeur vous l'a fait entendre tout à l'heure, et votre contremaître a complété l'explication. Avec de l'exactitude à l'ouvrage on a de quoi vivre. **Avec de l'économie on devient capitaliste.** Vous, vous voudriez le devenir d'un coup par une révolution sociale : mais regardez donc autour de vous; ceux de vos camarades qui ont un *livret à la caisse d'épargne* ne l'ont pas vu tomber du ciel ni sortir du sol par l'effet d'une révolution ; ceux qui ont quelques lopins de terre, quelques obligations, non plus. Et vos *ingénieurs*, dont les parents n'étaient souvent que de bien petits capitalistes, croyez-vous qu'ils soient arrivés d'un coup là où ils sont? *Vous voudriez avoir sans peine ce que les autres ont amassé au prix d'une vie de labeur, parfois en travaillant plusieurs générations, de père en fils.* Est-ce de la justice, cela?

— Pourtant, il me semble que le *collectivisme* est la vérité. Moi, je suis collectiviste !

— Toi, dit le contremaître, tu es tout simplement un envieux et un ambitieux.

— L'ambition n'est pas défendue, dit M. Lambert, à condition de ne faire de tort à personne. Réfléchissez-y, camarade: pour enrichir les uns, vous voulez prendre aux autres ; êtes-vous sûr que ceux-ci ont volé? ne voyez-vous pas autour de vous que ceux qui possèdent du bien l'ont acquis honnêtement et à grand'peine? Voudriez-vous les dépouiller? Ne crieraient-ils pas à l'iniquité, et votre conscience ne vous dirait-elle pas qu'ils ont le droit pour eux?

— Il y a pourtant du vrai dans ce que vous dites, M. l'Instituteur. Il faudra que j'y réfléchisse.

DEVOIRS DE RÉDACTION.

13. Montrez par des exemples qu'il y a des consommations utiles, qu'il y en a de superflues et de funestes. Expliquez si le luxe est permis et dans quelle mesure.

14. Un collectiviste soutient que la propriété n'est pas légitime ; que l'épargne n'est pas utile ; que l'on serait mieux si les biens étaient partagés entre tous. Vous lui répondez en montrant que la propriété est fondée sur le travail ; que sans l'épargne il n'y a ni capital, ni progrès ; que si les biens étaient partagés, ce serait une grande injustice et que d'ailleurs le lendemain ce serait à recommencer.

15. **Quelques-uns disent qu'en faisant payer un intérêt pour de l'argent prêté, on fait de l'usure. Faites voir que l'intérêt est le paiement d'un service rendu. Expliquez pourquoi l'intérêt est tantôt plus fort, tantôt plus faible.**

16. **Exposez ce que c'est que la Caisse d'épargne, et quels en sont les avantages.**

17. **Montrez qu'on ne paie jamais trop un bon administrateur ni un inventeur; expliquez combien ils travaillent, quels services ils rendent.**

CINQUIÈME LEÇON.

LA RÉPARTITION : BÉNÉFICES ET SALAIRES.

1. Une entreprise quelconque, agricole, commerciale, industrielle, exige en première ligne un **capital** (constructions, machines, matières premières, argent pour les paiements courants).

2. Ce capital court des **risques** : les produits qu'il s'agit de vendre peuvent ne pas trouver d'acheteur; une concurrence inattendue peut en faire baisser le prix au-dessous de ce qu'ils ont coûté; etc.

3. L'entreprise réclame aussi un chef, un **administrateur**, qui sache combiner les achats et les ventes, réunir des auxiliaires, les commander, agencer leur travail de la façon la moins coûteuse, etc.

Enfin, il faut des **employés**, contremaîtres, ouvriers, obéissant à l'administrateur.

4. Pour payer le capital, il faut un **intérêt**,

Pour payer les risques, il faut ajouter à l'intérêt une somme d'autant plus grosse qu'ils sont plus graves. C'est une espèce de **prime d'assurance** pour le capital;

L'administrateur a droit à des **frais de direction**;

La part du reste du personnel, employés, ouvriers, etc., se nomme leur **salaire**.

5. L'intérêt et la prime d'assurance du capital ne sont payés que si l'entreprise réussit. C'est ce qui arrive aussi pour les frais de direction quand le patron est en même temps son propre capitaliste.

6. L'ensemble de ces sommes constitue les **bénéfices**.

Les bénéfices ne se paient que chaque année, ou tous les six mois, ou tout au plus chaque trimestre.

7. Mais les ouvriers et employés ne pourraient pas attendre un an ni trois mois leur part : leurs fournisseurs ne leur feraient pas crédit si longtemps. Ils ne pourraient pas non plus s'exposer à ce qu'on vînt leur dire, après l'inventaire : « Il n'y a pas de bénéfices cette année ; repassez l'an prochain. » Aussi le **salaire** est une somme fixée d'avance, par contrat, entre l'employeur et l'employé. Il se paie tous les mois, ou toutes les quinzaines, ou même tous les huit jours.

Le salaire est donc un moyen très commode pour l'employé et l'ouvrier, d'avoir leur part des produits de l'entreprise où ils travaillent.

8. Mais il a aussi ses inconvénients : comme il est fixe, il ne permet pas à l'ouvrier de participer à la prospérité de la maison, quand celle-ci est florissante. L'ouvrier ne peut que faire de petites économies, ce qui n'est même pas toujours très facile ; et quand il voit son patron devenir millionnaire, cela le fâche. Il se dit qu'il a eu tort de s'engager à si bon marché.

9. Seulement l'ouvrier ne court aucun risque et si le patron se ruine, lui il est toujours payé. Voilà ce dont il ne se rend pas assez compte.

10. Quelquefois, pour se faire augmenter, l'ouvrier refuse de travailler, surtout dans un moment où il sait que cela mettra le patron dans l'embarras. C'est ce qui s'appelle **faire grève. Les grèves sont aussi nuisibles aux ouvriers qu'aux patrons.**

Le patron cède quand il ne peut faire autrement ; mais dès qu'arrive une morte-saison, il rabaisse les salaires, et met à son tour le marché à la main à ses ouvriers. Tout le bénéfice de la grève est ainsi perdu ; et de plus, patrons et ouvriers finissent par se regarder comme des adversaires, ce qui est préjudiciable aux intérêts des uns et des autres : **où l'on ne se plaît pas, on travaille mal.**

11. En Angleterre, dans les pays de mines, les patrons et les ouvriers s'entendent mieux : ils nomment des *délégués arbitres;* ces délégués se réunissent et l'on débat à l'amiable le taux des salaires. C'est une manière de faire équitable, et qui profite beaucoup aux ouvriers.

LA COOPÉRATION.

12. Mais tous ces moyens n'empêchent pas les ouvriers de n'avoir, pour toute part dans les produits des entreprises où ils travaillent, que leur salaire. Il s'est trouvé des ouvriers pour penser qu'il y avait mieux à faire; ils ont résolu de fonder eux-mêmes des usines, des boutiques, de façon à avoir tous les produits pour eux : les bénéfices et les salaires à la fois. C'est ce qu'on nomme **coopérer.**

13. Pour fonder une entreprise par *coopération*, il faut avoir un capital et des hommes capables d'administrer.

14. Quant au capital, les entreprises qui ont réussi ont toutes commencé petitement : chaque ouvrier apportait ses économies, ce qui faisait quelques milliers de francs; l'on marchait avec cela.

15. Plus tard, quand les *coopérateurs* ont montré qu'ils savent épargner, qu'ils sont laborieux, disciplinés, qu'ils s'administrent bien, alors ils trouvent du crédit auprès des *capitalistes*. Comme leur entreprise est sûre, ils n'ont à payer pour le capital emprunté qu'un intérêt ordinaire; tout le reste des bénéfices est à eux.

16. *Le coopérateur est à la fois, dans une certaine mesure, patron et capitaliste en même temps que salarié.* Cela relève beaucoup sa condition et sa dignité. Il a en outre beaucoup plus de chances d'arriver à l'aisance, si sa maison réussit. Mais il faut pour cela un chef habile, ce qui est rare encore, et aussi de la discipline, de l'ardeur au travail, et beaucoup de patience.

Exercices oraux ou écrits.

1. Quelle est la première chose nécessaire pour une entreprise quelconque?
2. Quels risques le capital court-il?
3. Pourquoi faut-il un administrateur? — Des employés?
4. Avec quoi paie-t-on le capital? — Que faut-il ajouter à l'intérêt pour payer les risques du capital? — Que doit-on à l'administrateur? — Comment s'appelle la part qui revient aux employés?
5. Que faut-il pour que l'intérêt et la prime d'assurance du capital soient payés? Quand est-ce qu'il en est de même pour les frais de direction?
6. Comment appelle-t-on ces deux premières parts? — Quand paie-t-on les bénéfices?
7. Les employés pourraient-ils attendre si longtemps? — Courir le risque de ne rien recevoir? — Qu'est-ce que le salaire? — Quand se paie-t-il? — Montrez l'avantage de cet arrangement?
8. Le salariat a-t-il ses inconvénients? — L'ouvrier salarié participe-t-il à la prospérité de la maison?
9. Ces inconvénients ne sont-ils pas balancés par les avantages?
10. Qu'est-ce que de faire grève? — Que fait le patron? — Ne prend-il pas parfois sa revanche plus tard? — A qui les grèves font-elles du tort?
11. Comment évite-t-on les grèves en Angleterre? — Que font les délégués? — Cette manière de faire est-elle bonne?
12. L'ouvrier ne peut-il pas tâcher d'avoir plus qu'un simple salaire? — Qu'est-ce qu'on appelle coopération?
13. Que faut-il pour fonder une entreprise par coopération?
14. Comment ont commencé les entreprises coopératives qui ont réussi?
15. Comment trouvent-elles des capitaux à emprunter, plus tard? — Comment se fait-il que les coopérateurs aient une part des bénéfices?
16. Qu'est-ce que le coopérateur est dans une certaine mesure? — Qu'en résulte-t-il pour sa dignité? — Que faut-il pour réussir?

CINQUIÈME RÉCIT

Un jour de paie. — L'ouvrier capitaliste.

— Voilà une bonne parole, dit le contremaître. Si tu commences à réfléchir, tu n'es plus un vrai collectiviste. Et puisque te voilà dans de si belles dispositions, tu ne me refuseras pas de venir dîner chez moi ce soir. Nous mettrons une assiette de plus ; dans le nombre, avec les cinq marmots, ça ne se verra pas. Sans compter que la ménagère me reproche de ne pas t'amener. Elle a connu ta défunte mère, et cela lui fait chagrin de te savoir en compagnie de tous les cerveaux brûlés du pays. Allons, c'est dit; tu viens. C'est ton gargotier qui va faire un nez : il comptait bien te rafler la moitié de ta paie ce soir, rien qu'avec son mauvais vin drogué.

Simon se laissa gagner, mais il insista pour payer d'abord son arriéré au cabaret : il y devait 13 à 14 francs.

— C'est juste, fit le contremaître, paie tes sottises d'abord, tu verras à être raisonnable ensuite. Partons ! puisque M. l'instituteur a bien voulu causer avec nous, nous allons le reconduire avec ces jeunes gens jusqu'à leur hôtel. Mais j'oubliais... Il faut que je passe à ce guichet, pour la caisse de *secours et retraites*.

LES SOCIÉTÉS DE PRÉVOYANCE. — LA CAISSE DE RETRAITES.

— Ah ! vous avez une caisse. Nous serions bien heureux de la voir.

— Rien de plus facile. Regardez-moi.

Le contremaître s'approcha d'un guichet.

— C'est comme d'habitude, n'est-ce pas ? lui dit l'employé en l'inscrivant sur un registre ouvert devant lui.

— Oui, comme d'habitude. Toujours mes 3 francs par semaine.

— 3 francs par semaine font 156 francs à la fin de l'année, répliqua l'employé, tout en remplissant le registre. C'est un beau versement. Cela vous assure les secours en cas de maladie, une pension de 600 francs à partir de vos cinquante-cinq ans, et une somme de 1,500 francs à votre veuve. Avec cela, on peut aller droit devant soi dans la vie, sans craindre la misère pour soi ni les siens.

Le contremaître remercia et se retira. « Qui est-ce qui gère votre caisse ? » demanda M. Lambert.

— C'est nous, M. l'instituteur, nous-mêmes. Il y a une dizaine d'années que nous l'avons fondée. Nous n'étions guère que trente à trente-cinq à faire nos versements, dans les premiers temps. Chacun trouvait que c'était trop difficile d'économiser seulement deux sous par jour. Et puis, les **caisses d'épargne scolaires** sont venues : les enfants ont pris l'habitude de mettre de côté chaque semaine qui un sou, qui deux sous ; ils en parlaient à la maison ; ils faisaient voir leur *livret*. Au lieu d'acheter de mauvais gâteaux, ils rangeaient leur sou pour le porter à l'école. Ma foi ! à la longue les parents ont eu honte de ne pas savoir se priver comme faisaient les petits ; on s'est retranché un peu sur l'eau-de-vie, un peu sur le tabac, on a oublié le chemin du cabaret, et tous ont voulu être de la *Caisse*. Aujourd'hui, il n'y a guère qu'une vingtaine de gaillards qui n'en soient pas. Oh ! mais ceux-là, le cabaretier les défend. Malin qui les lui arrachera !

Le contremaître, en disant cela, regardait Simon, qui avait l'air un peu confus.

LA COOPÉRATION.

— S'il vous plaît, M. l'instituteur, voici notre épicerie, et j'aurais bien voulu y faire une emplette pour la ménagère pendant que Simon va entrer en face et régler avec le cabaretier. C'est l'affaire d'un instant.

— Pourquoi dites-vous *notre* épicerie ? interrogea M. Lambert quand le contremaître sortit.

— C'est qu'elle est bien à nous en effet, M. l'instituteur, c'est-à-dire aux camarades et à moi. Nous l'avons montée *par coopération*.

— Comme les *Équitables Pionniers de Rochdale* ?

L'épicerie coopérative.

— Justement, M. l'instituteur. Notre ingénieur nous avait raconté leur histoire, dans une *conférence ;* car il nous en fait souvent, et le directeur aussi. Nous avons commencé, ma foi ! exactement comme eux. Nous avons loué une chambre, nous y avons mis quelques sacs de pommes de terre et de farine, quelques barres de savon, quelques pains de sucre. Tous les soirs, après la journée, l'un de nous, à tour de rôle, tenait le comptoir; depuis nous avons pris un gérant. Nos ménagères alors venaient faire leurs provisions. Elles avaient honte d'abord; pensez que notre boutique n'était pas belle, et qu'on nous trouvait un peu fous. Nous n'étions pas plus de vingt-cinq, nous avions mis chacun vingt francs, et pas sans peine. Nous nous étions imposé deux règles : d'abord de payer comptant; et puis de nous vendre à nous-mêmes et aussi aux clients qui pourraient nous venir, nos marchandises au même prix que les autres épiciers. Seulement, nous étions sûrs de la bonne qualité de nos denrées. Ensuite, comme nous n'avions pas de frais, que nous ne faisions pas de réclame et que notre marchandise ne risquait pas de nous rester pour compte, nous faisions de beaux bénéfices. Ces bénéfices, nous étions convenus de nous les partager entre nous, d'après nos achats. Ainsi à la fin de la première année, nous avions fait 26,000 francs d'affaires, nous avions 3,200 francs de bénéfices, ce qui faisait plus de 12 p. 100; pour ma part, comme j'avais acheté pour 400 francs, je touchai à peu près 50 francs.

— C'est-à-dire que vous *épargniez en dépensant.*

— A la lettre, Monsieur. On épargne sans s'en apercevoir; aujourd'hui que ma famille a grossi et que nous consommons beaucoup, j'ai, à chaque fin d'année, des parts, des *dividendes* comme on dit, de 80 à 100 francs. Mais nous voilà arrivés. Nous sommes quasi voisins : là-bas, voyez-vous? cette petite maisonnette avec un jardin devant; oh! c'est grand comme un mouchoir.

— Cela a l'air très gai et très soigné. Est-elle à vous?

— Pas tout à fait encore, M. l'instituteur. Mais c'est toute une histoire. Si vous me faisiez l'honneur de m'accompagner, je pourrais vous la dire, et vous montrer le logis.

— De grand cœur. Ces jeunes gens prennent avec vous *d'excellentes leçons de morale et d'économie*, et je suis heureux pour ma part de vous entendre.

L'OUVRIER PROPRIÉTAIRE.

— Voici donc l'affaire. Le directeur de la mine nous dit un jour, au commencement d'une conférence : « Voulez-vous devenir propriétaires ? » Nous le regardons, bien étonnés. « Mais propriétaires pour de bon, continue notre homme. Avec pignon sur rue et terre au soleil. » — Je crois bien, que nous voulions ! « Eh bien ! écoutez ce que j'ai à vous proposer.

« Pour bâtir une maison, avec un petit jardin, 400 mètres carrés en tout, il faut 3,400 francs, en faisant des choses solides, mais avec économie. Mes devis sont prêts. Vous n'avez pas 3,400 fr. chacun. Mais vous payez chacun 100, 150 francs, même 200 pour être logés à l'étroit et peu sainement. 200 francs, c'est presque suffisant pour devenir en quinze ans propriétaires d'une maison telle que je vous l'ai dit ; mettez 60 francs de plus par an, et c'est une affaire faite. »

Ceux qui étaient de la *Société de Consommation*, de notre épicerie comme moi, n'avaient pas de peine à accepter. Un an après, une cinquantaine de maisons étaient sorties de terre ; chacun avait pu dire son mot sur le plan de la sienne, donner son goût enfin. Voilà sept ans que je paie ; encore huit ans, et je serai propriétaire.

On était arrivé devant la maisonnette ; une barrière séparait le jardinet de la rue ; en entrant, une bonne odeur de fleurs vous arrivait tout à coup d'un joli parterre à droite ; à gauche, était un potager, bien tenu, qui devait donner à faire à la ménagère, mais aussi la payer de ses peines ; au fond la petite maison était déjà brillante de lumière. La femme du contremaître, un enfant sur le bras, se montrait devant le seuil. Les grands accouraient du fond du

On apercevait la table mise avec la soupe fumante.

jardin se jeter au cou du père. Par les fenêtres on apercevait la table mise avec la soupe fumante, les belles assiettes blanches, la chaise haute pour le plus petit, et les meubles luisants de propreté.

— Madame, dit M. Lambert, votre mari nous a expliqué en route comment *l'épargne avec le travail conduit à l'aisance ;* nous voyons maintenant qu'elle conduit aussi au *bonheur*.

— Ma foi ! M. l'instituteur, dit l'excellent homme,

ce n'est pas un simple compliment que vous nous dites là. C'est bien la franche vérité. Je suis heureux quand je suis chez moi, et je crois que l'épargne y a aidé. Mais la ménagère n'y a pas nui.

Et il l'embrassa de bon cœur.

— Eh bien ! cela ne vous dit rien, Simon? fit M. Lambert.

Simon ne répliqua pas. Mais se retournant vers son ami, il lui mit dans la main son porte-monnaie. — « Tenez ! contremaître, faites-moi inscrire demain sur le registre de la caisse de retraites. »

DEVOIRS DE RÉDACTION.

15. Une usine a un capital de 1 million ; elle a produit un bénéfice brut de 500,000 francs. Faites la répartition de ce bénéfice brut, sachant : 1° que les administrateurs ont droit pour leur part à 10 % du bénéfice brut ; 2° qu'il y a 200 contre-maîtres et ouvriers, travaillant en moyenne 300 jours par an, à 5 fr. par jour l'un dans l'autre ; 3° que le capital doit toucher outre son intérêt de 5 % une prime d'assurance évaluée à 5 % également. Calculez a part du capital. Justifiez cette répartition, en montrant que la part de chacun est légitime.

16. Qu'est ce que la coopération? Racontez l'histoire des équitables pionniers de Rochdale, d'après celle de l'épicerie coopérative qui en est la copie exacte.

17. Est il vrai qu'un ouvrier ne peut pas épargner? Faites voir que tous font des dépenses superflues (alcool, tabac).

18. Qu'est-ce qu'une caisse de retraites?

19. Comment un ouvrier peut-il devenir propriétaire d'une maison en quinze ou vingt années?

SIXIÈME LEÇON.

LE BUDGET : DÉPENSES DE L'ÉTAT.

1. Tout élève qui a fait son *instruction civique* doit savoir ce qu'on appelle l'*impôt*, et pourquoi il y a des impôts, c'est-à-dire à quoi ils servent

« Les **impôts** sont nécessaires pour payer les soldats, pour faire des routes, pour tous les services publics.

« Ils sont comme les **primes d'assurances** contre l'incendie : pour une faible somme, ils vous procurent un grand bien.

« Il est juste de payer des impôts, non seulement pour les choses dont chacun profite tout de suite, comme les chemins, mais pour d'autres dont il semble qu'on ne profite pas.

« **Tout ce qui se fait de bon dans un pays profite à tout le monde.** »

2. « L'impôt est une dette sacrée que chacun doit payer en proportion de sa fortune.

« Il y a deux espèces d'impôts : les impôts **directs** ou *visibles*, les impôts **indirects** ou *invisibles*.

« Chacun sait ce qu'il paie pour les impôts directs ; personne ne sait ce qu'il paie pour les impôts indirects. »

3. L'ensemble des dépenses publiques pour une année s'appelle le **budget**. Actuellement le budget de la France est de 3 milliards : un peu plus, un peu moins.

4. **Un milliard** vaut *mille millions de francs*, comme vous le savez. Voulez-vous vous figurer la somme que cela fait ? Mettez le doigt sur votre pouls : à chaque battement, s'il tombait devant vous deux louis d'or de 20 fr., ou un double louis de 40 fr., au bout du jour cela ferait un beau tas d'or ; eh bien ! si au lieu de durer un jour, cela durait toute l'année scolaire, depuis le 1er octobre jusqu'au 31 juillet, à la fin des dix mois le tas que vous auriez devant vous vaudrait un milliard.

5. Voici une autre comparaison : supposez une rivière où il coulerait, au lieu d'eau claire, des écus de cinq francs. Cette rivière d'argent a un mètre de largeur et un pied de profondeur ; elle a 14 kilomètres de longueur : elle vaut un milliard.

Pour valoir trois milliards, il faudrait donc qu'elle eût 42 kilomètres, 10 lieues 1/2. Elle pourrait faire le tour de Paris en se tenant à bonne distance des fortifications.

6. Le budget de la France est donc une somme énorme. Pour payer 3 milliards par an, nous sommes 37 millions 1/2 de Français ; cela fait 80 francs par personne et par an. Une famille de cinq personnes paye en moyenne 400 fr. par an pour le budget. Puisque chacun contribue à le payer, il faut que chacun sache ce qu'on en fait. La **Chambre des Députés**, le **Sénat** et la **Cour des comptes** y veillent à un centime près. Mais, sans entrer dans le détail, chaque citoyen doit savoir en gros *l'emploi du budget*.

Nous allons passer le budget en revue, en comptant par *millions*. C'est le budget des dépenses de 1880 que nous prendrons pour exemple.

BUDGET DE 1880

7. **1° Les arrérages de la dette publique.** L'État a quelquefois des *dépenses extraordinaires* à faire dans une année : **autrefois**, c'étaient surtout les guerres qui le ruinaient ; l'Empire, pour sa part, a mangé à la France plus de 12 milliards de cette manière.

8. **Aujourd'hui**, c'est surtout pour bâtir des écoles, pour faire des chemins de fer et des ports, pour remonter notre matériel de guerre, que nous faisons des dépenses extraordinaires.

9. Ces dépenses s'élèvent parfois à plusieurs milliards en une seule année, par exemple quand il a fallu payer 5 milliards aux Prussiens.

10. On ne peut pas demander les ressources pour ces dépenses extraordinaires à l'impôt, parce que cela ruinerait les pauvres gens, et aussi la plupart des commerçants et des industriels.

11. Alors les Chambres votent un *emprunt national*. De cette façon, on n'a qu'à payer *l'intérêt* de ce qu'on emprunte, à peu près 4 0/0 par an. La dette publique résulte de tous les emprunts faits par la France.

12. L'emprunt est une mesure sage, quand on l'emploie à des *dépenses productives*, par exemple à cons-

truire des chemins de fer, comme on fait aujourd'hui, plus tard, en effet, ces chemins de fer rendront de gros bénéfices : *la France sème pour récolter*.

13. On doit payer l'intérêt de l'emprunt naturellement, jusqu'à ce qu'on ait remboursé le capital. Par conséquent, dans deux cents ans, comme aujourd'hui, nos descendants auraient à payer de gros impôts pour nos emprunts à nous, si nous ne songions pas à rembourser.

14. Au contraire, en ajoutant toutes les années à l'intérêt de l'emprunt une somme assez légère, on peut le rembourser en quatre-vingts ans, en cent ans. Cette somme s'appelle *l'amortissement*.

15. Aujourd'hui, quand le gouvernement de la République fait un emprunt, il s'arrange pour l'amortir en soixante-quinze ans ; de la sorte, nos petits-fils auront tout le bénéfice de nos dépenses en chemins de fer ou écoles, et ils l'auront *gratis*.

16. Si on avait fait de même sous les autres gouvernements, la Dette de la France ne serait pas si grosse. Mais on a fait des *emprunts improductifs* pour des guerres qui n'étaient pas toujours utiles, on a négligé l'amortissement, et aujourd'hui (1883) nous devons la somme énorme de 23 milliards.

17. 1° **Les intérêts de la dette** s'élèvent, avec l'amortissement, à....................		1,030 millions.

18. Les autres dépenses de l'État sont les suivantes :

2° **Les frais de gouvernement** : 13 millions, savoir :			
Le *Président de la République*..	1,200,000 fr.	13	—
Le *Sénat et la Chambre*...... ..	11,800,000		
3° Le *Ministère de* **l'instruction publique.**		79	—
4° — *des* **cultes**...................		53	—
5° — *de* **l'intérieur**................		63	—
A reporter..............		208 millions.	

Report..............	208 millions.
6° Le *Ministère de la* **justice**...............	35 — 1/2
7° — *de la* **guerre**...............	574 — 1/2
8° — *de la* **marine et des colonies**.....................	194 —
9° — *des* **finances**, c'est ce ministère qui est chargé de *recouvrer* les impôts : il y en a dont le recouvrement coûte assez cher, surtout les impôts indirects, parce qu'il faut beaucoup de surveillance, pour arrêter les fraudeurs................................	213 —
10° Le *Ministère des travaux publics*..........	170 —
11° — *des postes et télégraphes*......	106 —
12° — **l'agriculture et du commerce**..................	37 —
13° — *des* **beaux-arts**...........	8 —
14° — *des* **affaires étrangères**...	15 —
15° L'*Administration de* **l'Algérie**.........	23 —
16° Les **pensions** *aux vieux serviteurs de l'État* (anciens officiers ou soldats, invalides de la marine, décorés militaires, fonctionnaires retraités)................................	117 —
Total.....................	2,641 millions.

19. Vous le voyez, en y regardant de près, 3 milliards sont bien vite employés, quand il s'agit de faire face à une besogne aussi immense que celle du gouvernement de la France. Reste à savoir comment nous arrivons, nous 38 millions de Français, à tirer de notre poche tout cet argent.

Exercices oraux ou écrits.

1. Pourquoi les impôts sont-ils nécessaires ? — A quoi ressemblent-ils ? — Pourquoi est-il juste de les payer ? — A qui profite tout ce qui se fait dans un bon pays ?
2. Quel genre de dette est l'impôt ? — Combien chacun doit-il en payer ? — Combien y a-t-il de sortes d'impôts ? — Pourquoi appelle-t-on les uns visibles et les autres invisibles ?
3. Qu'est-ce que le budget ? — A combien se monte le budget de la France.
4. Que vaut un milliard ? — Donnez une idée de cette somme ?
5. Quelle rivière d'argent faudrait-il pour faire un milliard ? — Pour faire trois milliards ?
6. Pourquoi faut-il que chacun sache ce qu'on fait du budget ? — Quels sont les corps qui y veil-

lent? — Cela suffit-il? — Quel budget allons-nous passer en revue?

Comment nomme-t-on les dépenses que l'État ne fait que quelquefois? — A quoi servaient-elles autrefois? — Combien l'Empire nous a-t-il mangé en guerres?

8. A quoi servent aujourd'hui les dépenses extraordinaires de la République?

9. A combien se montent parfois ces dépenses? — Citez un exemple.

10. Pourquoi ne peut-on pas demander à l'impôt d'aussi grosses sommes?

11. Que font alors les Chambres? — Quand on a emprunté, qu'est-ce qu'on paie?

12. Quand est-ce que l'emprunt est une mesure sage? — Citez des exemples? — Que fait la France en dépensant ainsi?

13. Qu'arriverait-il si nous ne songions pas à rembourser nos emprunts?

14. Que faut-il faire pour rembourser en 80 ans, en 100 ans, un emprunt national? — Qu'est-ce que l'amortissement?

15. En combien de temps la République amortit-elle ses emprunts? — Qu'en résultera-t-il pour nos petits-fils?

16. A combien se monte la dette de la France? — Expliquez pourquoi elle est si forte?

17. A combien se montent les intérêts de la dette avec l'amortissement?

18. Quels sont les frais du gouvernement? — De l'instruction publique? — Des cultes? — De l'intérieur? — De la justice? — De la guerre? — De la marine et des colonies? — Des finances? — Des travaux publics? — Des postes et télégraphes? — De l'agriculture et du commerce? — Des beaux-arts? — Des affaires étrangères? — De l'administration de l'Algérie? — Des pensions? — Qui sont les vieux serviteurs de l'État?

19. Que concluez-vous de cet examen?

SIXIÈME RÉCIT

Une visite à M. le Député.

Visiter une grande usine, voir un port de mer, parcourir un pays de mines, c'est étudier sur place l'**industrie** et le **commerce** de notre pays. Mais pour bien connaître ses ressources, ce n'est pas encore assez : il faut aussi voir une *exploitation* **agricole**. C'est par là que finirent nos jeunes voyageurs : dès le commencement de leur excursion, ils avaient été patronnés par un des **députés** des départements qu'ils parcouraient, et qui était aussi **conseiller municipal** de leur quartier. C'était à sa recommandation qu'ils avaient dû de voir toutes les portes s'ouvrir, et tout le monde faire à M. Lambert l'accueil que méritait un digne représentant des écoles de Paris.

M. le Député possédait dans le Nord une de ces vastes fermes où la *betterave à sucre*, le *blé*, le *houblon* prospèrent merveilleusement. Il voulut y conduire lui-même la petite caravane scolaire.

Ce qui étonna surtout ces jeunes gens, ce fut

Machine à battre, avec une locomobile.

de voir les machines de toute sorte qui servaient à l'exploitation : machines à semer, à faucher, à battre, à herser et à labourer ; machines à écraser la betterave, machines à fabriquer le beurre, machines pour faire éclore les poussins, machines pour tout. Les chevaux eux-mêmes étaient remplacés par des locomobiles. La vapeur faisait les trois quarts du travail de la ferme. M. Lambert était en admiration.

— Voilà, M. le Député, une exploitation tout à

fait perfectionnée. Nous n'en avons pas beaucoup d'aussi belles en France.

— On fait des progrès partout en France, mon cher Lambert. Il est vrai que les machines, et surtout les machines à vapeur, sont encore trop rares dans nos campagnes. Cependant la force réunie de nos machines agricoles s'élève déjà à **50,000 chevaux-vapeur.** Quelqu'un d'entre vous, mes petits amis, pourrait-il me dire si cela fait beaucoup ?

— Oui, Monsieur, dit Jean. On dit qu'une machine a une force d'un cheval-vapeur quand elle fait autant de travail que 3 chevaux ordinaires ou 20 hommes de peine. 50,000 chevaux-vapeur, cela vaut donc 150,000 chevaux, ou 1,000,000 de journaliers.

— Très bien, mon enfant. Vous voyez que ce n'est déjà pas à dédaigner, et que l'agriculture n'est pas autant en retard qu'on le dit. C'est que tout a bien changé depuis un siècle. **Il s'est fait en France trois grandes choses :** d'abord le *morcellement de la propriété* qui a permis à presque tous les paysans d'avoir leur lopin de terre : une fois maîtres d'un champ, ils ont eu dix fois plus de cœur à la besogne, et l'on peut dire sans mentir qu'ils ont enrichi le sol de la France avec leurs sueurs. C'est à la *grande Révolution* qu'il faut attribuer le principal mérite de ce changement.

En second lieu, sont arrivés les *chemins de fer*, qui ont rapproché les Français : quand l'agriculteur a pu vendre son blé ou son vin aussi facilement aux gens de Paris qu'à ceux de Toulouse, de Rennes ou de Lyon, quand le lait, le beurre, les œufs ont pu se transporter à cinquante lieues et plus, au lieu de ne se vendre qu'au bourg voisin, l'agriculteur a trouvé dix clients pour un, et des clients plus riches; de son côté, gagnant davantage, il a pu se procurer mille commodités dont il se privait : il s'est mis à s'acheter du *bon drap d'Elbeuf* à la place de la *bure* d'autrefois ; il a fait venir des meubles des tapissiers de la ville, pour remplacer la huche et les escabeaux de jadis ; il a fait agrandir et embellir sa maisonnette; maintenant, il s'associe avec les voisins pour acheter des machines. Et plus les chemins de fer arriveront partout, plus les échanges, le commerce et par conséquent l'aisance grandiront.

Il y a cinquante ans, nous n'avions pas de chemins de fer en France ; il y a trente ans, nous n'en possédions encore que 3,000 kilomètres, alors que l'Angleterre en avait déjà 11,000. Au commencement de la République, nous étions encore à 18,000 kilomètres; aujourd'hui nous dépassons 28,000, ce qui nous met au 3e rang des puissances de l'Europe, aussitôt après l'Allemagne et l'Angleterre. Si nous continuons à marcher comme dans ces cinq dernières années nous dépasserons bientôt tout le monde en Europe, car nous faisons quasi 1,000 kilomètres de voies ferrées par an.

Enfin le troisième grand progrès économique qui s'est fait en ce siècle, c'est le *progrès de la liberté du commerce.* Depuis 1860, la France s'est mise résolument à abaisser ses *droits de douane;* aussi les étrangers lui ont vendu plus de denrées et elle les a eues à meilleur prix qu'autrefois. De son côté, elle leur a fait accepter en paiement une quantité énorme de ses produits : l'Angleterre par exemple s'est mise à nous acheter pour 150 et 200 millions de vins par an. En tout, notre commerce avec l'étranger, qui ne dépassait guère 5 *milliards* avant les *traités de commerce de* 1860, s'élève aujourd'hui à près de 10 *milliards*.

Grâce à ces trois progrès : division de la propriété, chemins de fer, liberté du commerce, la prospérité de la France est devenue merveilleuse. Écoutez l'*éloquence des chiffres* et prenez-en note :

En **1850**, l'hectare de terre produisait en moyenne 11 hectolitres de blé ; en **1874**, il en a produit 18 ; en **1882**, **16 1/2** : ce dernier chiffre est aujourd'hui celui d'une année moyenne.

L'hectare de terre valait, en **1850**, en moyenne 1,250 francs ; **aujourd'hui**, 2,200 francs.

En **1866**, la France brûlait 20 millions de tonnes de houille ; **aujourd'hui**, 30 millions. — Elle produisait 1,250,000 tonnes de fonte et 10,000 tonnes d'acier ; **aujourd'hui** 1,800,000 tonnes de fonte et 380,000 d'acier.

En **1866**, nous avions 28,000 machines à vapeur, qui valaient 750,000 chevaux-vapeur ; **aujourd'hui** 55,000 machines, valant 3 millions **1/2** de chevaux-vapeur, c'est-à-dire faisant, tant pour l'agriculture que pour l'industrie, l'ouvrage de 10 millions de chevaux ou de 70 millions d'hommes.

En **1866**, les Français avaient 500 millions dans les caisses d'épargne ; **aujourd'hui** ils y ont 1,600 millions.

En **1866**, il mourait chaque année 884,000 Français sur 37 millions, soit 235 sur 10,000 personnes ; **maintenant** il en meurt 840,000 sur 37 millions 1/2, soit 225 sur 10,000 personnes. Il en meurt donc moins aujourd'hui ; pourquoi ? Parce qu'il y a moins de misère, qu'on se nourrit mieux, qu'on se loge mieux. Cela fait, sur chaque masse de 10,000 personnes, 10 individus qui seraient morts de privations, il y a quinze ans, et aujourd'hui sont sauvés par un peu de bien-être. Calculez combien cela fait par an.

Puisqu'il y a 37 millions 1/2 de Français, dit Jean, à 10 sauvés par 10,000 cela donne 37,500 sauvés par an.

— 37,500 personnes sauvées chaque année de la mort occasionnée par la misère. *Voilà ce que fait le progrès de la civilisation* (1). Tels sont les bienfaits d'un bon gouvernement qui assure à la nation le respect

(1) Voici les chiffres exacts, tels qu'ils se déduisent des tables de l'*Annuaire statistique de la France pour* 1882.

En partageant le siècle actuel en périodes de 5 années, on trouve qu'il mourait chaque année, en moyenne, sur 10,000 habitants de la France.

De 1806 à 1810	261	De 1846 à 1850	241
De 1811 à 1815	264	De 1851 à 1855	240
De 1816 à 1820	254	De 1856 à 1860	238
De 1821 à 1825	246	De 1861 à 1865	229
De 1826 à 1830	254	De 1866 à 1871	261
De 1831 à 1835	261	De 1872 à 1875	224
De 1836 à 1840	236	De 1876 à 1880	223
De 1841 à 1845	227		

Le nombre des morts diminue irrégulièrement, mais sûrement. Si l'on partage le siècle en périodes de 20 ans, on trouve :

De 1805 à 1820	260
De 1820 à 1840	250
De 1840 à 1860	237
De 1860 à 1880	234

La diminution est encore bien évidente.

Enfin, troisième vérification : si l'on considère les divers régimes politiques que la France a subis ou soutenus dans ce siècle, on découvre qu'il mourait en moyenne, chaque année, sur 10,000 habitants :

Sous le premier Empire	263
— la Restauration	252
— Louis-Philippe	241
— La 2e République	240
— Le 2e Empire (la guerre de 1871 comprise)	242
— la République actuelle	224

de ses voisins et la paix, et qui maintient au dedans le bon ordre et l'obéissance aux lois. Grâce à lui, chacun est sûr du lendemain. On épargne, car on est certain de pouvoir jouir de son bien légitime; on ne craint pas de se lancer dans des entreprises, parce qu'on a confiance dans l'avenir. Et puis le plus souvent c'est l'État qui a donné l'impulsion au progrès : par exemple, c'est lui qui, après 1789, a divisé les propriétés ; c'est lui qui a construit la plupart des chemins de fer; c'est lui qui a établi peu à peu la liberté du commerce. Il contribue à tous les progrès.

DEVOIRS DE RÉDACTION

20. Expliquez ce qu'est le budget, à quoi il sert, qui le paie.

21. Exposez ce qu'est la dette de la France, pour quelles dépenses elle a été contractée. Dites si toutes ces dépenses sont également justifiées. Parlez des dettes contractées par la République.

22. Donnez une idée de la masse d'argent que représente le budget, la dette de la France.

23. Énumérez les principales dépenses du budget. Montrez en quoi chacune d'elles est utile.

24. Quelles sont les trois grandes choses qui se sont faites en France depuis la Révolution? Parlez du morcellement de la propriété, du progrès des chemins de fer, de l'introduction de la liberté du commerce. Montrez que ces progrès ont diminué la misère et sauvé bien des existences.

SEPTIÈME LEÇON

LE BUDGET : L'IMPÔT ET LA RICHESSE DE LA FRANCE

1. « *La contribution doit être également répartie entre tous les citoyens, en raison de leurs facultés.* »

C'est la *Déclaration des droits de l'Homme et du Citoyen* (1)

(1) Voir page 000.

qui parle en ces termes : et là comme partout la *Déclaration* est l'expression de la justice même, telle que l'a toujours comprise et voulue la nation française.

2. Pour que l'impôt soit réparti *équitablement*, pour qu'il ait, comme on dit, une bonne *assiette*, il faut qu'il soit conforme à ce principe.

Examinons comment il est réparti en France, toujours en prenant pour exemple l'année 1880 :

3. 1° **Propriétés et Industries de l'État.** En premier lieu l'**État** a des revenus à lui, car il est propriétaire, et il est en outre manufacturier et commerçant. D'abord il a des propriétés, un **domaine**, qui lui vient en partie des anciens rois. Il a aussi le **monopole** de la fabrication des *tabacs*, celui des *poudres*, sans parler des manufactures de *Sèvres*, des *Gobelins*, etc., et il vend naturellement ses produits. Enfin l'État s'est également attribué le monopole des transports par la *Poste* et des correspondances par le *Télégraphe* : le prix des lettres et des dépêches rentre encore dans ses caisses. Voici ce qu'il en tire :

Domaine et forêts......................	53 millions 1/2.
Manufactures de l'État...............	66 millions.
Postes et télégraphes..................	235 millions 1/2.
Total des revenus particuliers de l'État.	355 millions.

4. 2° Viennent ensuite les **impôts proprement dits** :

D'abord les **impôts directs**, qui sont pour la plupart des *impôts sur le revenu*.

Il y a des cas où l'on peut savoir le revenu que rapporte une propriété à son maître : ainsi les biens *fonciers* ; de là la *contribution foncière*. Pour une maison de commerce on peut aussi connaître à peu près le chiffre d'affaires, et calculer par suite le bénéfice qu'en retire le négociant : de là les *patentes*. Ou bien encore on devine le revenu d'une maison d'après le nombre d'ouvertures, qui est en rapport avec le nombre de pièces : voilà *l'impôt des portes et fenêtres.* On taxe les locataires d'après leurs mobiliers (*cote personnelle et mobilière*), d'après leurs voitures, leurs billards, leurs chiens de luxe, parce que ce sont là des indices de leurs *dépenses*, et par conséquent de leurs *revenus*. Tous ces impôts réunis font une *somme de*......... 401 millions.

5. 3° **Les impôts indirects** sont, les uns des **impôts sur les capitaux**, les autres des **impôts sur les consommations.**

Les impôts sur les capitaux ne sont pas les moins difficiles à asseoir. Comment connaître le capital d'une personne ? Il serait bien difficile d'aller confesser chacun et de lui demander : « Que possédez-vous ? » Mais en revanche, quand une personne vend un bien, ou qu'elle le donne par *acte notarié*, qu'elle le *lègue*, ou qu'elle le laisse en mourant à ses héritiers, il faut alors de toute nécessité qu'elle avoue sa *propriété*. C'est donc lorsque les capitaux passent d'une personne à l'autre qu'on peut les saisir et les évaluer. Aussi les impôts sur les capitaux sont, à proprement parler, des *impôts sur la circulation des capitaux*. Les principaux sont :

Droits d'enregistrement, greffe et hypothèque...	484	millions.
— *de timbre*............................	140	—
— *de 3 °/₀ sur le revenu des valeurs mobilières (actions et obligations de chemins de fer, etc.).*	34	—
Total des impôts sur la circulation des capitaux...	658	millions.

6. 4° Mais la plus abondante source des revenus de l'État, ce sont les *impôts indirects* ou *impôts de consommation ;* ils se prélèvent sur nos dépenses quotidiennes ; c'est 4 sous de plus sur chaque livre de sucre que nous consommons ; c'est 2 sous par livre de viande ; c'est quelques centimes pour chaque pierre de taille et chaque poutre de nos maisons. En voici le détail :

Droits de douane..........................	312	millions.
Contributions indirectes..................	1,060	—
Taxe sur les voyageurs et les transports à grande vitesse...	86	—
Total des impôts sur la consommation.	1,458	—

7. 5° Il faut enfin ajouter 103 millions d'impôts moins importants :

Produits de l'Algérie.	28	millions.	
Amendes et condamnations en justice	9	—	
Produits universitaires (frais d'externat et d'internat, diplômes, etc.)	4	—	1/2
Menus produits divers	62	—	
	103	millions	1/2
8. Total général du budget des recettes....	**2,978**	**millions.**	

Ce qui fait bien de quoi payer toutes les dépenses de l'année ; il est même resté environ 87 millions, qu'on appelle *excédent*, et qui ont servi à diminuer, à dégrever beaucoup les impôts l'année suivante, notamment sur le sucre et le vin.

9. Voilà **l'assiette de nos impôts.** Elle n'est certainement pas parfaite, et les Chambres ont beaucoup à travailler pour la perfectionner. Mais telle qu'elle est, elle a bien pour but celui qu'elle doit avoir : d'atteindre toutes les ressources, *cachées ou non*, de tous les citoyens.

10. Le législateur semble avoir dit : « Du moment que vous avez du *bien*, vous n'échapperez pas à l'impôt. Si vous aimez la *dépense*, vous paierez sur les droits de consommation. Si vous avez des *biens-fonds*, vous serez atteint par l'impôt *foncier*. Si vous les mettez en *actions*, en *obligations*, en *valeurs de papier*, vous aurez affaire à *l'impôt de* 3 0/0 sur les valeurs mobilières. Si vous faites du *luxe*, vous payerez pour vos *portes* et *fenêtres*, pour votre *cote mobilière*, pour vos *voitures*, etc. Si vous vivez *petitement*, ménageant et cachant votre fortune, la mort mettra au jour vos biens, l'État se rattrapera avec vos héritiers, sur les *droits de mutation*.

11. « Partout où il y a de la fortune, **l'État doit avoir sa part**, et c'est justice : sans l'État, qui vous

protège des envahisseurs du dehors et des voleurs du dedans, qui fait des routes pour le commerce, qui par l'école prépare à l'industrie des travailleurs intelligents, à l'agriculture des hommes de progrès, à tous des concitoyens honnêtes et capables, sans l'État, que deviendrait-elle, cette fortune? Elle n'existerait pas. Y a-t-il de la fortune chez les sauvages?»

Exercices oraux ou écrits.

1. Comment la contribution doit-elle être répartie? — Ou est posé ce principe? — Est-il juste?
2. Qu'arrive-t-il quand l'impôt est établi selon ce principe?
3. Quelle est la première source d'où l'État tire l'argent qu'il lui faut? — Qu'est-ce que le Domaine? — Énumérez les monopoles que l'État s'est réservés? — Combien rapportent le domaine? — — Les manufactures de l'État? — Les postes et télégraphes? — Combien cela fait-il en tout?
4. Comment divisez-vous les impôts directs? — Qu'est-ce que la contribution foncière? — Sur quoi portent les patentes? — L'impôt des portes et fenêtres? — La cote personnelle et mobilière? — Citez d'autres impôts sur le revenu. — A combien s'élèvent tous les impôts sur le revenu?
5. L'impôt sur le capital est-il difficile à fixer? — Pourquoi? — Quand est-ce qu'on peut évaluer les capitaux que possède une personne? — Quel serait le vrai nom des impôts sur les capitaux? — Que rapportent les droits d'enregistrement? — De timbre? — De 3 p. 100 sur le revenu des valeurs mobilières? — Quel est le produit total des impôts sur la circulation des capitaux?
6. Quelle est la source la plus abondante des revenus pour l'État? — Comment se prélèvent les impôts indirects? — Que rapportent les douanes? — Les contributions indirectes proprement dites? — La taxe sur les voyageurs et la grande vitesse? — Quel est le total des impôts sur la consommation?
7. Énumérez les impôts moins importants? — A combien montent les produits de l'Algérie? — Les amendes? — Les produits universitaires? — Les menus produits divers? — Quel est le total des impôts moins importants?
8. Quel est le total général des recettes de l'État? — Y a-t-il de quoi payer toutes les dépenses? — A quoi sert l'excédent?
9. L'assiette de nos impôts est-elle parfaite? — Les impôts sont-ils bien dirigés vers le but qu'ils doivent avoir?
10. Qu'est-ce que le législateur semble avoir dit en établissant nos impôts? — Comment paient ceux qui servent la dépense? — Ceux qui ont des biens-fonds? — Ceux qui mettent leur argent en valeur? — Ceux qui font du luxe? — Ceux qui cachent leur fortune?
11. Pourquoi l'État doit-il avoir sa part de toutes les fortunes? — Que deviendraient les fortunes sans l'État?

SEPTIÈME RÉCIT

Conversation avec M. le Député.

— Mais, M. le Député, dit Jean qui s'était enhardi après ses deux bonnes réponses, avec quoi l'État peut-il faire toutes ces choses?

— **Avec le budget**, mon ami, c'est-à-dire avec l'impôt que chacun paie selon ses moyens.

— Il faut alors que l'impôt rende bien de l'argent, pour avoir fait tant de chemins de fer, de routes, de ports et d'autres choses coûteuses.

— En effet : le budget est gros, il est même de plus en plus gros : il y a cinquante ans, il était d'un milliard par an; aujourd'hui, il arrive à trois milliards...

— Alors, Monsieur, si l'État nous reprend d'une main ce qu'il nous donne de l'autre, et nous demande de plus en plus...

— Ce n'est pas tout à fait cela, mon enfant. Si vous avez 100 francs, et que je vous en prenne 1, il vous en restera 99; si vous en avez 400 et que je vous en prenne 3, il vous en restera 397 : cela ne vous empêcherait pas d'être plus riche qu'auparavant.

Eh bien! c'est ce qui est arrivé aux Français. Leur fortune a plus que quadruplé dans ces cinquante dernières années, et l'impôt n'a pas tout à fait triplé. On calcule en effet qu'en 1830, la fortune totale des Français arrivait à 58 milliards. Aujourd'hui on l'évalue à 237 milliards. Par conséquent, en 1830, celui qui avait 100 francs payait à l'impôt 2 fr. 10; aujourd'hui celui qui a 100 francs paie 1 fr. 30 seulement. Vous voyez donc que si l'impôt a augmenté, nous sommes devenus aussi beaucoup plus forts pour le porter, et en somme il nous pèse moins.

C'est la meilleure preuve qu'on puisse donner de la prospérité de la France, sous le gouvernement de la République.

DEVOIRS DE RÉDACTION.

25. Expliquez le principe sur lequel la Déclaration des Droits de l'Homme a assis l'impôt. Montrez que l'État, protecteur de tous nos biens, doit en avoir sa part pour subvenir à ses frais. Faites voir comment l'impôt actuellement atteint la richesse sous toutes ses formes.

26. Parlez des propriétés et des monopoles de l'État.

27. Expliquez quels sont les impôts sur le revenu et les impôts sur le capital.

28. Qu'est-ce que les impôts de consommation? Pourquoi les appelle-t-on impôts invisibles? Que produisent-ils à l'État?

29. L'impôt est-il plus lourd aujourd'hui qu'il y a cinquante ans? Montrez que jamais la France n'a prospéré comme sous la République actuelle.

LE SERMENT DU JEU DE PAUME.

(Gravure extraite de l'*Histoire de France*, par M. Edgar Zevort).

DÉCLARATION

DES DROITS DE L'HOMME ET DU CITOYEN

VOTÉE PAR L'ASSEMBLÉE NATIONALE EN 1789

Les représentants du Peuple français, constitués en Assemblée nationale, considérant que l'ignorance, l'oubli ou le mépris des droits de l'homme sont l'unique cause des malheurs publics et de la corruption des gouvernements, ont résolu de rétablir, dans une déclaration solennelle, les droits naturels, inaliénables, imprescriptibles et sacrés de l'homme, afin que cette déclaration, constamment présente à tous les membres du corps social, leur rappelle sans cesse leurs droits et leurs devoirs; afin que les actes du Pouvoir législatif et ceux du Pouvoir exécutif, pouvant être à chaque instant comparés avec le but de toute institution politique, en soient plus respectés ; afin que les réclamations des citoyens, fondées désormais sur des principes simples et incontestables, tournent toujours au maintien de la Constitution et au bonheur de tous.

En conséquence, l'Assemblée nationale reconnaît et déclare, en présence et sous les auspices de l'Être suprême, les droits suivants de l'homme et du citoyen :

ARTICLE 1er. Les hommes naissent et demeurent libres et égaux en droits. Les distinctions sociales ne peuvent être fondées que sur l'utilité commune.

ART. 2. Le but de toute association politique est la conservation des droits naturels et imprescriptibles de l'homme. Ces droits sont la *liberté*, la *propriété*, la *sûreté* et la *résistance à l'oppression*.

Art. 3. Le principe de toute souveraineté réside essentiellement dans la Nation : nul corps, nul individu ne peut exercer d'autorité qui n'en émane expressément.

Art. 4. La liberté consiste à faire tout ce qui ne nuit pas à autrui ; ainsi l'exercice des droits naturels de chaque homme n'a de bornes que celles qui assurent aux autres membres de la société la jouissance de ces mêmes droits. Ces bornes ne peuvent être déterminées que par la loi.

Art. 5. La loi n'a le droit de défendre que les actions nuisibles à la société. Tout ce qui n'est pas défendu par la loi ne peut être empêché, et nul ne peut être contraint à faire ce qu'elle n'ordonne pas.

Art. 6. La loi est l'expression de la volonté générale : tous les citoyens ont droit de concourir personnellement ou par leurs représentants à sa formation. Elle doit être la même pour tous, soit qu'elle protège, soit qu'elle punisse. Tous les citoyens étant égaux à ses yeux, sont également admissibles à toutes dignités, places et emplois publics, selon leur capacité et sans autre distinction que celle de leurs vertus et de leurs talents.

Art. 7. Nul homme ne peut être accusé, arrêté, ni détenu, que dans les cas déterminés par la loi, et selon les formes qu'elle a prescrites. Ceux qui sollicitent, expédient, exécutent ou font exécuter des ordres arbitraires, doivent être punis ; mais tout citoyen appelé ou saisi en vertu de la loi, doit obéir à l'instant ; il se rend coupable par la résistance.

Art. 8. La loi ne doit établir que des peines strictement nécessaires, et nul ne peut être puni qu'en vertu d'une loi établie et promulguée antérieurement au délit, et légalement appliquée.

Art. 9. Tout homme étant présumé innocent, jusqu'à ce qu'il ait été déclaré coupable, s'il est jugé indispensable de l'arrêter, toute rigueur qui ne serait pas nécessaire pour s'assurer de sa personne doit être sévèrement réprimée par la loi.

Art. 10. Nul ne doit être inquiété pour ses opinions même religieuses, pourvu que leur manifestation ne trouble pas l'ordre public établi par la loi.

Art. 11. La libre communication des pensées et des opinions est un des droits les plus précieux de l'homme; tout citoyen peut donc parler, écrire, imprimer librement, sauf à répondre de l'abus de cette liberté dans les cas prévus par la loi.

Art. 12. La garantie des droits de l'homme et du citoyen nécessite une force publique; cette force est donc instituée pour l'avantage de tous, et non pour l'utilité particulière de ceux auxquels elle est confiée.

Art. 13. Pour l'entretien de la force publique et pour les dépenses d'administration, une contribution commune est indispensable; elle doit être également répartie entre tous les citoyens, en raison de leurs facultés.

Art. 14. Chaque citoyen a le droit de constater par lui-même ou par ses représentants la nécessité de la contribution publique, de la consentir librement, d'en suivre l'emploi, d'en déterminer la quotité, l'assiette, le recouvrement et la durée.

Art. 15. La société a le droit de demander compte à tout agent public de son administration.

Art. 16. Toute société dans laquelle la garantie des droits n'est pas assurée, ni la séparation des pouvoirs déterminée, n'a point de constitution.

Art. 17. La propriété étant un droit inviolable et sacré, nul ne peut en être privé, si ce n'est lorsque la nécessité publique, légalement constatée, l'exige évidemment et sous la condition d'une juste et préalable indemnité.

TABLE ALPHABÉTIQUE

DES MATIÈRES CONTENUES DANS LE *DROIT USUEL*

A

B

E

J

L

M

N

O

T

U

V

TABLE DES MATIÈRES

DROIT USUEL

PREMIÈRE PARTIE. — ACTES DE L'ÉTAT CIVIL.

DEUXIÈME PARTIE. — LES PRINCIPAUX CONTRATS ET ACTES VOLONTAIRES.

TROISIÈME PARTIE. — ACTES APRÈS DÉCÈS.

ÉCONOMIE POLITIQUE

www.ingramcontent.com/pod-product-compliance
Ingram Content Group UK Ltd.
Pitfield, Milton Keynes, MK11 3LW, UK
UKHW020550180726
13838UKWH00001B/154

9 782019 687069